Meine erste Mission

George Q. Cannon

Writat

Cette édition parue en 2024

ISBN : 9789359941943

Publié par
Writat
email : info@writat.com

Inhalt

Vorwort zur Erstausgabe

Das erste Kapitel dieses kleinen Werks schrieb ich als Skizze für die jugendlichen Leser des *Juvenile Instructor*. Es wurde hastig geschrieben – wie auch die darauf folgenden – und ohne den Namen eines Autors oder die Absicht, damals noch etwas hinzuzufügen. Später beschloss ich, eine Reihe von Missionsskizzen zu schreiben; aber als diese geschrieben wurden, hatte ich nicht die Absicht, sie in ihrer jetzigen Form zu veröffentlichen. Sie wurden in einem einfachen, vertrauten und persönlichen Stil verfasst, um das Interesse junger Leute zu wecken.

Als Jugendlicher hatte ich das Glück, in der Familie von Präsident John Taylor zu leben. Damals war es meine größte Freude, ihm und anderen Ältesten zuzuhören, wie sie von ihren Erfahrungen als Missionare berichteten. Solche Gespräche faszinierten mich sehr. Sie hinterließen einen tiefen Eindruck bei mir. Die Tage, von denen sie sprachen, waren die Tage der Armut, als Älteste ohne Geldbeutel und Tasche unter fremden Menschen reisten, die unsere Grundsätze nicht kannten und von denen zu viele bereit waren, zu pöbeln und zu verfolgen. Sie reisten im Glauben und waren Pioniere für den Herrn in fremden Ländern, und Er war ihre einzige Zuversicht. Ihre Missionen waren reich an Beispielen seiner Macht, die sie zu ihren Gunsten auslebten. Was ich hörte, stärkte meinen Glauben und verstärkte in meinem Herzen den Wunsch, Missionar zu werden. Kein Beruf war in meinen Augen so edel wie der eines Bannerträgers des Evangeliums.

„Meine erste Mission" zu veröffentlichen, ist, dass es auf einige der Jugendlichen Zions vielleicht dieselbe Wirkung haben könnte, wie die Berichte der treuen Ältesten auf mich. Ich hoffe, dass bald weitere kleine Bände dieser *glaubensfördernden Reihe folgen werden*. Ich habe gedacht, dass der Missionarsgeist in einigen unserer jungen Männer nicht so hell brannte, wie er sollte – dass sie den Wert der Menschenseelen in den Augen des Herrn nicht begriffen und die kostbaren Belohnungen nicht, die er denen gewährt, die auf die richtige Weise versuchen, sie zu retten. Und doch bestand nie ein größerer Bedarf an treuen Männern als Missionaren als heute. „Das Feld ist schon weiß zur Ernte", und den Möglichkeiten derer, die auf dem Feld arbeiten wollen, sind keine Grenzen gesetzt.

Wenn dieses kleine Werk dazu beiträgt, den Missionsgeist zu wecken und zu stärken, wenn die Erinnerung an die Ereignisse die Herzen tröstet und den Glauben derjenigen stärkt, die auf Mission gehen, dann wird der größte Wunsch erfüllt werden.

Der Autor
September 1879

Vorwort zur zweiten Auflage

Zweieinhalb Jahre sind vergangen, seit die erste Ausgabe von *My First Mission* veröffentlicht wurde. Es war das erste Werk dieser Art, und der finanzielle Erfolg des Unterfangens war damals keineswegs sicher. Es ist nicht übertrieben zu sagen, dass unsere kühnsten Erwartungen an die Veröffentlichung der *Faith-Promoting Series* mehr als erfüllt wurden. *My First Mission* erfreute sich bald großer Beliebtheit; die 6.000 Exemplare der ersten Ausgabe sind alle vergriffen, und es besteht eine Nachfrage nach mehr. Vier weitere Bände derselben Serie wurden ebenfalls veröffentlicht und mit gleicher Begeisterung aufgenommen; tatsächlich scheint es, dass jeder Band, der veröffentlicht wird, Lust auf einen weiteren macht. Wir erwarten, dass wir sehr bald den sechsten Band der Serie veröffentlichen können, und ihm werden weitere folgen, so schnell es unsere Umstände erlauben. Das Gute, das diese Bücher bereits bewirkt haben, lässt sich, wenn wir den zahlreichen Zeugnissen Glauben schenken, die wir ständig erhalten, nicht abschätzen; und doch haben wir das Gefühl, dass die Arbeit in dieser Richtung gerade erst begonnen hat. Dass dies so weitergehen möge, bis solche Werke unter den Heiligen im Überfluss vorhanden sind und bis die Jugend durch sie dazu bewegt wird, ein Leben in Reinheit zu führen und rechtschaffene Taten zu vollbringen, ist der aufrichtige Wunsch von

Der Verleger
März 1882

Kapitel 1

Schüchternheit beim Versuch, in der Öffentlichkeit zu sprechen – Entschlossenheit durchzuhalten, sich auf Gott zu verlassen – Zusicherung der Manifestation der Gegenwart des Geistes Gottes

Der Autor wird seine ersten Versuche, in der Öffentlichkeit zu sprechen, wahrscheinlich nie vergessen. Noch als Jugendlicher wurde er zu einem der Siebzig Ältesten ordiniert. Das Kollegium, dessen Mitglied er wurde, wurde am Tag seiner Ordination gegründet und er wurde zu dessen Sekretär gewählt. Bei den Versammlungen des Kollegiums war es üblich, dass die anwesenden Präsidenten einige Bemerkungen machten, und dann wurden die Mitglieder aufgefordert, zu sprechen.

Bei solchen Gelegenheiten wurde er so nervös, dass er einige Zeit vor seiner Rede mit dem Schreiben aufhören musste. Und wenn er dann aufstand, wusste er vor lauter Angst kaum, was er sagte .

Er litt ständig unter diesem Gefühl der Angst, wann immer er versuchte, bei Kollegiumsversammlungen oder Zeugnisversammlungen zu sprechen, und tatsächlich auch einige Zeit lang, nachdem er eine Predigtmission begonnen hatte.

Es gab einen Entschluss, den er am Anfang fasste, an den er sich immer hielt und den er jedem Jungen und Mädchen in Zion einprägen möchte.

Er beschloss, dass er, wann immer er gerufen würde, mit der Hilfe des Herrn immer um einen Segen bitten, beten oder sprechen würde und nicht versuchen würde, sich zu entschuldigen.

Egal, wie viele Leute anwesend waren und wie unbehaglich und verängstigt er sich dabei fühlte, er tat immer, was von ihm verlangt wurde. Aber wie oft musste er erleben, wie junge Männer und Frauen sich weigerten zu sprechen und zu beten, als sie dazu aufgefordert wurden! Er hatte Mitleid mit ihnen und schämte sich für sie.

Solche Personen gewöhnen sich das Sträuben an , und *störrische* Männer und Frauen sind an ihrem Platz genauso schlimm wie störrische Pferde an ihrem.

Viele Menschen glauben, sie könnten sich entschuldigen, wenn sie dazu aufgefordert werden, weil sie schüchtern sind und nicht daran gewöhnt sind, um einen Segen zu bitten oder laut zu beten. Aber aufrichtige Menschen bewundern Jungen und Mädchen, junge Männer und junge Frauen, die den Mut und die guten Manieren haben, einer Bitte dieser Art nachzukommen, selbst wenn ihnen dabei peinliche Fehler unterlaufen, weit mehr, als wenn sie sich weigern würden, dies zu tun.

Was man als Schüchternheit bezeichnet, ist häufig nichts anderes als Stolz. Diejenigen, die darunter leiden, sind im Allgemeinen bestrebt, vorteilhaft zu erscheinen; sie wünschen sich die Anerkennung ihrer Mitmenschen; und die Angst, etwas zu sagen oder zu tun, was nicht dem Standard entspricht , bedrückt sie und macht sie nervös.

Als der Autor das erste Mal aufgefordert wurde, vor einer gemischten Versammlung von Heiligen und Fragestellern zu sprechen, war er in der Gesellschaft von neun Ältesten. Nur zwei oder drei von ihnen hatten schon einmal öffentlich gesprochen; aber da er der Jüngste in der Gruppe war und sich als kleiner Junge fühlte, dachte er, sie würden alle vor ihm aufgerufen. Zu seiner Überraschung wurde er jedoch zuerst von dem Ältesten aufgerufen, der den Vorsitz hatte.

Getreu seinem Entschluss stand er auf und begann. Zwei oder drei, wahrscheinlich fünf Minuten lang, machte er das ziemlich gut. Dann wurde er verwirrt, seine Ideen gerieten durcheinander und er vergaß alles, was er je gewusst hatte. Wenn sein Gedächtnis völlig zusammengebrochen wäre, hätte es nicht schlimmer sein können. Er setzte sich hin und fühlte sich ein wenig beschämt, aber nicht entmutigt. Er hatte eine Mission und war entschlossen, nicht zurückzuweichen und zu scheitern. Aber es ist sehr demütigend, aufzustehen, um zu sprechen, und dann zusammenzubrechen.

Danach unternahm er eine dreiwöchige Reise in das Land, in das er als Missionar berufen worden war. Nach der Landung nahm er an einer öffentlichen Versammlung von Fremden teil, die noch nie das Evangelium gehört hatten. Sie fand in einem Bethel für Seeleute statt, das der Pfarrer den Ältesten freundlicherweise für ihre Versammlung angeboten hatte. Einer der Ältesten sprach über die Grundprinzipien; der Schreiber folgte ihm und legte Zeugnis ab und machte einige andere Bemerkungen. Er war sehr verängstigt und verlegen; aber er sprach ausführlicher als zuvor.

Danach erforderten die Umstände, dass er allein unter die Leute ging. In diesem Land, wo es keine Glocken zum Läuten gab, rief man die Leute zusammen, indem man in ein Muschelhorn blies. Wenn man geschickt bläst, kann man es aus weiter Entfernung hören. Wenn die Stunde der Versammlung nahte, begann man gewöhnlich, in das Muschelhorn zu blasen, und dann wurde unser junger Missionar von Zittern ergriffen. Das Gefühl der Furcht war furchtbar. Er war an gefährlichen Orten gewesen, wo das Leben in Gefahr war; aber er hatte nie ein solches Gefühl beim Predigen. Er war allein und ein Fremder und unter einem fremden Volk. Aber er schreckte nicht zurück. Er wusste, dass das Evangelium wahr war, dass er die Autorität hatte, es zu predigen, dass die Leute gewarnt werden mussten, und deshalb konnte er trotz all seiner Furcht nicht den Mund halten. Er fühlte sich wie Paulus, als er zu den Korinthern sagte: „Wehe mir, wenn ich das Evangelium nicht predige."

Etwa sechs Wochen nachdem er allein sein Amt angetreten hatte, kamen zwei Boten aus einer entfernten Stadt und luden ihn ein, dorthin zu kommen und zu predigen. Sie hatten von der Lehre gehört, die er lehrte, und von den Menschen, die er getauft hatte, und wollten mehr über die Grundsätze erfahren. Er kehrte mit den Boten zurück. Es wurde ein großes Versammlungshaus für die Predigt gefunden. Es war überfüllt, denn die Menschen hatten noch nie zuvor das Privileg gehabt, eine Predigt eines Heiligen der Letzten Tage zu hören. Sie können sich vorstellen, wie er sich fühlte. Hier waren Menschen, die begierig darauf waren, zuzuhören, und doch war er so schwach und so voller Angst und Zittern! Als er aufstand, um das Kirchenlied anzustimmen, erschreckte ihn der Klang seiner Stimme in diesem großen Gebäude. Dann betete er und stimmte danach ein weiteres Kirchenlied an. Er hatte Gott inständig um Hilfe gebeten. Als er zu sprechen begann, ruhte der Geist des Herrn auf ihm wie nie zuvor. Die Menschen hatten Glauben und ihre Herzen waren bereit, die Wahrheit zu empfangen. Über eine Stunde lang sprach er und war vom Geist so mitgerissen, dass er wie ein Mensch in Trance war. Freude erfüllte sein Herz und die Herzen der Menschen. Sie weinten wie Kinder und dieser Tag war der Beginn eines guten Werkes an diesem Ort.

Ich werde nicht versuchen, Ihnen die Freude zu beschreiben, die unser junger Missionar empfand. Er war ein Sklave gewesen, aber jetzt war er frei. Gott hatte die Fesseln der Angst zerbrochen, und er fühlte, dass er Ihn für Seine Güte preisen musste. Von diesem Tag an bis heute hat er nie mehr unter diesen schrecklichen Gefühlen gelitten, die ihn bedrückten. Dennoch gibt es nur wenige öffentliche Redner, besonders in dieser Kirche, die nicht nervös sind, wenn sie zum ersten Mal aufstehen, um zu sprechen; und es ist häufig der Fall, dass sie dann, wenn sie am nervösesten sind, mit der größten Kraft sprechen können. Sie spüren ihre eigene Schwäche und suchen bei Gott Hilfe.

Viele der Leser dieses Artikels werden vielleicht noch auf Mission geschickt, und die Erinnerung an diese Skizze kann ihnen helfen, durchzuhalten. Weigere dich nie, um einen Segen zu bitten, zu beten oder zu sprechen, wenn du dazu aufgefordert wirst, und Gott wird dir helfen, alle Angstgefühle zu überwinden.

Kapitel 2

Von San Francisco nach Honolulu – Sturm und Seekrankheit

In den Anfangstagen hatte in Kalifornien alles einen hohen Wert. Wir waren zehn Elders, die eine Überfahrt von San Francisco nach Honolulu, der größten Stadt der Sandwichinseln, suchten. Nach einigen Tagen des Versuchens gelang es uns, eine Überfahrt zwischen den Decks auf dem guten Schiff *Imaum aus Muscat zu bekommen*, dessen Kommandant Kapitän Ritches war. Wir mussten uns selbst um unsere Betten kümmern, aber der Kapitän erklärte sich bereit, uns mit Essen zu versorgen, das, wie man uns sagte, dasselbe sein sollte, das sie in der Kabine hatten.

Entweder wurde dieser Teil des Vertrages nicht erfüllt, oder sie lebten in der Kabine schlecht, denn unser Fahrpreis war nicht sehr verlockend. Aber wir dachten, wir hätten Glück gehabt, dass wir für die Überfahrt und diese Privilegien nicht mehr als 40 Dollar in Gold bezahlen mussten.

Ich habe Orte gesehen, die komfortabler waren als unsere Quartiere zwischen den Decks. Seitdem bin ich viele Male auf See gewesen, und ich glaube, wenn ich die Wahl hätte, würde ich eine Reise als Kabinenpassagier auf einem Cunard-Dampfschiff einer Reise auf der Imaum *von Muscat vorziehen*, mit Kabinenkost und dem Privileg, in meinen eigenen Decken zu schlafen.

Die *Imaum* lag zwischen den Decks niedrig, und dann war es dort so dunkel, dass wir nach dem Abstieg einige Minuten lang nichts sehen konnten. Wir hatten jedoch einige harte Erfahrungen gemacht, seit wir unsere Häuser verlassen hatten, und wir waren nicht geneigt, an unserem Schiff oder seiner Ausstattung etwas auszusetzen.

Nach unserer Einschiffung lagen wir eine Woche lang in der Bucht von San Francisco, da uns der Gegenwind das Segeln erschwerte. Das war ermüdend für uns und passte dem Kapitän nicht, da er uns zumindest zeitweise verköstigen musste. Wahrscheinlich kam er durch die Verzögerung in dieser Woche zu dem Schluss, dass uns die Kabinenkost zu teuer war. Sobald der Wind einigermaßen günstig wurde, hielt es der Lotse für das Beste, sich seeklar zu machen, und als die Ebbe gegen ein Uhr nachmittags kam, hissten wir die Segel und fuhren los.

Meine Erinnerungen an die Zeit, als wir durch das Golden Gate, wie die Hafeneinfahrt von San Francisco genannt wird, kamen, sind nicht sehr angenehm. Wir mussten kreuzen, das heißt von einer Seite auf die andere, und die Dünung kam in großen, schweren, rollenden Wellen vom Meer. Auf beiden Seiten konnten wir eine lange Reihe von Brechern sehen, die sich seewärts bewegten, und der Schaum sah in der Ferne aus wie große Schneebänke.

Wir waren noch nicht durch das Tor, als wir anfingen, seekrank zu werden. Diese Dünung macht einen sehr schnell seekrank. Es gab keinen Platz an Deck, wo man sich übergeben konnte, ohne im Weg zu sein, also rannten wir nach unten. Ich musste mich heftig übergeben, fühlte mich erleichtert und ging dann wieder an Deck. Die Sonne ging im Westen unter, und der Himmel sah böse und bedrohlich aus und ließ alle Anzeichen eines Sturms erkennen. Wir waren außerhalb der Köpfe und vor uns erstreckte sich der große Pazifik; aber es gab Inseln in der Umgebung, von denen der Kapitän nur wenig wusste. Ihm gefiel die Vorstellung nicht, dass der Lotse ihn in einer solchen Lage zurückließ, während die Dunkelheit hereinbrach und ein Sturm drohte.

Der Kapitän wollte zwar unbedingt, dass der Lotse blieb, aber dieser wollte das Schiff vor Einbruch der Nacht verlassen. Er wollte den Sturm nicht durchstehen und riskieren, aufs offene Meer hinausgetrieben zu werden. Als also ein Lotsenboot in Sicht kam, rief er es an und bestieg die kleine Jolle, die ihm von dort aus zugestellt wurde, so hastig, dass er seinen wasserdichten Mantel vergaß.

Ich nehme an, dass es für ihn ganz natürlich war, nachdem er das Schiff aus dem Hafen gesteuert hatte, unbedingt zurück sein zu wollen, bevor der Sturm über uns hereinbrach. Aber ich glaube, wir hätten uns alle besser gefühlt, wenn er bei uns geblieben wäre.

Besonders der Kapitän war sich der Verantwortung seiner Position bewusst. Er befand sich außerhalb eines fremden Hafens an einer gefährlichen Küste, ein starker Wind wehte direkt auf die Küste zu, es herrschte Dunkelheit und er wusste nichts über seine Umgebung!

Wir hatten keine Zeit, ausführlich über das Thema nachzudenken. Unsere Zeit war anderweitig beschäftigt, denn wir litten alle schwer unter den Auswirkungen der Seekrankheit. Und trotz der Gefahren unserer Lage überwog das Gefühl des Lächerlichen (in meinem Fall – wir hatten nur einen Eimer für jeden Zweck) die Angst, und ich konnte mir das Lachen nicht verkneifen.

Viele unserer Ältesten und ausländischen Siedler waren in einer ähnlichen Lage, und sie alle können sich unsere Gefühle besser vorstellen, als ich sie beschreiben kann. Meine Leichtfertigkeit unter so ungünstigen und verwirrenden Umständen beleidigte jedoch einen der Ältesten so sehr, dass er mich dafür tadelte.

Während wir so beschäftigt waren, herrschte an Deck ein großer Lärm. Der Kapitän hatte als Ersten Maat einen Ostinder-Mischling, und die meisten seiner Matrosen waren Malayen. Seine Befehle an den Maat, dessen Rufe an die Matrosen und ihr Geschnatter untereinander verursachten einen Lärm, der den Lärm des Sturms übertönte.

Mitten in unserer Übelkeit hörten wir den erschreckenden Ruf des Steuermanns: „Brecher voraus" und dass wir dicht vor ihnen waren. Zu jedem anderen Zeitpunkt hätte uns das aufgeregt, aber wir waren so krank, dass es uns nichts ausmachte.

Kurz darauf spürten wir, wie das Schiff auf etwas Festes aufprallte, und es zitterte von Bug zu Bug. Unmittelbar darauf folgten ein knirschendes Geräusch und ein dumpfes Klopfen am Heck. Wir dachten zunächst, es sei auf ein Riff aufgelaufen, aber als wir spürten, wie es in der Meeresmulde zur Ruhe kam, wussten wir, dass es, wenn es aufgelaufen war, darüber hinweggefahren war.

Der Schock, den wir verspürten, wurde von einer schweren Brecherwelle verursacht, die uns traf. Sie hatte die Steuerseile gerissen, und das knirschende Geräusch, das wir hörten, war das Schlagen des Steuers. Wäre die Brecherwelle über uns hinweggefegt, hätte sie die Decks sauber gefegt, oder wären die Steuerseile kurz vorher gerissen, wäre das Schiff wahrscheinlich verloren gegangen.

Als wir später darüber nachdachten, dass wir nur knapp entkommen waren, wollten wir Gott die Ehre für unsere Rettung geben. Wir waren Seine Diener und in Seiner Obhut, und Er hatte uns bewahrt.

In dieser Nacht herrschte für den Kapitän, die Offiziere und die Mannschaft große Angst. Trotz unserer Krankheit war uns bewusst, dass wir uns in einer kritischen Lage befanden, und wir gaben all unseren Glauben, den wir konnten.

Der Kapitän hatte seine Frau dabei und hatte zeitweise so wenig Hoffnung, das Schiff retten zu können, dass er ihr sagte, sie solle sich auf die Ewigkeit vorbereiten, denn er glaubte nicht, dass wir in dieser Welt je wieder das Tageslicht sehen würden.

Endlich brach der Morgen an, der Sturm legte sich und wir konnten unseren Kurs fortsetzen.

Oh, das gesegnete Tageslicht! Wie freudig wurde es an Bord des Schiffes begrüßt! Es linderte uns zwar nicht von unserer Seekrankheit, aber von unserer Gefahr.

Es vergingen mehrere Tage, bis der Kapitän sich von seiner Erschöpfung und Heiserkeit erholte, die durch das Gebrüll seiner Befehle in dieser Nacht verursacht worden waren.

Die *Imaum von Muscat* hatte Kurs auf Ostindien, sollte aber auf den Sandwichinseln anlegen. Wir waren froh, dass wir nicht weiterfahren mussten, und so freuten wir uns riesig, als wir nach fast vier Wochen an Bord erfuhren, dass unsere Reise bald zu Ende sein würde.

Der Anblick von Land ist für diejenigen, die wochenlang auf See waren, äußerst willkommen, besonders wenn sie unter Seekrankheit gelitten haben. Für unsere Augen waren die rauen, bergigen Inseln der Hawaii-Gruppe daher sehr schön. Wir sehnten uns danach, sie zu betreten.

Ich selbst war kaum zum Seemann bestimmt. Die Bewegung eines Schiffes auf dem Wasser macht mich sehr leicht krank, und keine noch so lange Seefahrt kann das verhindern. Vor einigen Jahren, als ich den Atlantik überquerte, lag ich seekrank in meiner Koje, und um mich abzulenken, versuchte ich mich daran zu erinnern, wie oft ich schon in diesem Zustand war. Ich zählte über fünfzig verschiedene Gelegenheiten, bei denen ich dieses Gefühl hatte, und ich war seitdem noch einige Male seekrank.

In der Nacht passierten wir die Insel Hawaii, die größte der Gruppe. Auf dieser Insel kam Captain Cook ums Leben, der (soweit bekannt) erste Weiße, der diese Inseln entdeckte.

Am nächsten Morgen war in der Ferne die Insel Maui zu sehen. Dann Molokai und Lanai. Als wir am darauffolgenden Morgen aufstanden, segelten wir an Oahu entlang, der Insel, auf der die Stadt Honolulu, die Hauptstadt des Königreichs, liegt.

Kapitel 3

Honolulu, seine Lage und sein Hafen – Gebet zum Allmächtigen – Die Ältesten trennen sich und beginnen mit der Arbeit auf den vier Hauptinseln

Honolulu ist auf einer ausgedehnten Ebene von großer Fruchtbarkeit erbaut. Die Stadt ist hübsch und hat ein tropisches Aussehen; aber seit der Zeit, von der ich schreibe, wurden ihre Gebäude und ihre Umgebung stark verbessert. In der Nähe der Stadt wuchsen hier und da Haine von Kokosnussbäumen mit ihren langen, federartigen Blättern und hohen, anmutigen Stämmen, und auch Bäume anderer Arten gab es in und um die Stadt herum in Hülle und Fülle. Hinter Honolulu erstreckt sich das sogenannte Nuuanu -Tal, ein wunderschönes Land, das schon bei unserem ersten Besuch als geeigneter Ort für die Villen und Landhäuser und Gärten der Regierungsbeamten, Missionare und Kaufleute ausgewählt wurde.

Rechts vom Hafen von Honolulu liegt „Punch Bowl Hill", ein großer Hügel, auf dem einst ein Vulkan brannte, der heute jedoch erloschen ist. Der Name ist sehr passend, denn der Vulkan hat ihm eher die Form einer Bowleschale als irgendetwas anderes verliehen.

Noch einige Meilen vor der Hafeneinfahrt trafen wir auf mehrere Kanus mit Eingeborenen der Inseln, die zum Fischen unterwegs waren. Diese Kanus bestanden lediglich aus ausgehöhlten Baumstämmen, waren aber leicht zu steuern und kamen mit Hilfe von Segeln sehr schnell durch das Wasser. Um ein Umkippen zu verhindern, waren an ihren Seiten Ausleger befestigt.

Ein Korallenriff, über das das Meer selbst bei ruhigem Wetter mit gewaltigem Getöse bricht, erstreckt sich fast um den Hafen von Honolulu. Die Einfahrt ist sehr schmal und schien schwer zugänglich, und als wir unter der Führung eines erfahrenen Lotsen hineinfuhren, war ein Mann damit beschäftigt, das Lot auszuwerfen, um die Wassertiefe zu ermitteln. Auf dem Riff lagen die Wracks mehrerer Schiffe. Das Wasser war wunderbar klar, und während wir dahinsegelten, war der Grund leicht zu erkennen.

Kaum war der Anker geworfen, da drängten sich die Decks mit Eingeborenen; einige versuchten, Bananen, Orangen, Kokosnüsse, Melonen und andere Früchte zu verkaufen (das war im Dezember), und andere wollten uns unbedingt an Land bringen. Der monotone Charakter ihrer Sprache, ihre schnelle Aussprache, ihre zahlreichen Gesten ließen uns sie mit Interesse beobachten. Wir hielten sie für ein seltsames Volk. Damals hätte ich nicht geglaubt, dass ich jemals ihre Sprache lernen oder mit ihren Bräuchen so vertraut werden würde wie später; denn obwohl wir auf Missionen zu den Inseln geschickt worden waren, nahmen wir an, dass wir unsere Zeit damit verbringen würden, den Weißen zu predigen.

Nachdem wir eine Unterkunft gefunden hatten, bestand unsere erste Aufgabe darin, uns zu einem geeigneten Berg zu begeben. Auf der Spitze fanden wir einen steilen Hügel, der sich plötzlich erhob und eine Tafel von neun bis fünfunddreißig Fuß Breite bildete.

Auf dem Weg nach oben sammelte jeder von uns einen Stein auf, aus dem wir einen einfachen Altar bildeten. Dann sangen wir ein Kirchenlied und jeder sprach nacheinander seine Wünsche aus. Der Älteste, der auch der Präsident war, wurde ausgewählt, das Wort im Gebet zu übernehmen. Er brachte unsere Wünsche in sein Gebet ein. Sie waren, dass der Herr auf diesen Inseln schnell tätig sein, eine wirksame Tür für die Verkündigung des Evangeliums öffnen, alle Gegner verwirren , uns helfen möge, die Aufrichtigen zu sammeln, und unser Leben verschonen möge, damit wir sicher nach Hause zurückkehren könnten.

Nachdem wir das Land und uns selbst dem Herrn geweiht hatten, sprach einer der Ältesten in Zungen und machte viele tröstende Versprechen, und ein anderer interpretierte. Der Geist des Herrn ruhte kraftvoll auf uns und wir waren von überaus großer Freude erfüllt. Ich hatte später die Genugtuung, Zeuge der Erfüllung des bei dieser Gelegenheit gemachten Versprechens zu werden.

Als wir durchkamen, sank die Sonne schon tief in den Himmel. Wir stiegen schnell hinab, denn wir fühlten uns freudig, und wenn Menschen freudig sind und der Geist Gottes auf ihnen ruht, fühlen sie sich geschmeidig und aktiv. Wir waren in der Gegenwart des Herrn gewesen und hatten seine Macht gespürt, also warum sollten wir nicht glücklich sein?

Der Missionspräsident hatte den nächstältesten Mann als Begleiter ausgewählt. Wir waren alle der Meinung, dass Honolulu der geeignetste Ort für sie sei. Aber was sollten die anderen tun? Sich auf die anderen Inseln verteilen oder auf dieser Insel – Oahu – bleiben, bis sie mehr über die Lage erfahren? Es wurde entschieden, dass es der klügere Plan wäre, zu den verschiedenen Inseln zu gehen.

Es waren noch vier wichtige Inseln zu besetzen, und wir waren noch acht. Aber wer sollten Partner sein, und wie sollten wir entscheiden, zu welcher Insel jedes Paar gehen sollte? Der Präsident wollte uns nicht paarweise aufteilen oder sagen, zu welcher der Inseln wir gehen sollten; aber er willigte ein, mit seinem Partner vier der acht als Vorsteher auszuwählen, einen auf jeder der Inseln.

Wir zogen uns zurück, während sie diese Angelegenheit besprachen und ihre Auswahl trafen. Zu meiner großen Überraschung stellte ich bei unserer Rückkehr fest, dass ich als einer der vier ausgewählt worden war. Noch nie in meinem Leben hatte ich meine Schwäche deutlicher gespürt als bei dieser Gelegenheit. Ich war der Jüngste in der Gruppe und hatte das Gefühl, dass ich von allen am wenigsten in der Lage war, die mir zugewiesenen Aufgaben zu erfüllen.

Als nächstes mussten Partner und Inseln ausgewählt werden. Und wie haben wir das wohl gemacht? In der Bibel steht, dass man Lose werfen muss. Wir haben Lose geworfen. Vier Zettel wurden markiert: *eins*, *zwei*, *drei* und *vier*. Derjenige, der *eine* zog, hatte die erste Partnerwahl; ebenso die zweite, dritte und vierte Nummer. Dann wurden die Inseln auf dieselbe Weise auf Zetteln markiert und ausgelost. Nummer eins fiel auf mein Los. Ich hatte die erste Wahl.

Ich hatte mich noch nicht auf einen Partner festgelegt und war einige Augenblicke lang ratlos, wen ich wählen sollte. Dann sagte mir der Geist des Herrn deutlich, ich solle Bruder James Keeler wählen. Das tat ich.

Ich war überrascht und erfreut zugleich über die Art und Weise, wie er meine Wahl aufnahm. Denn da ich so jung und er so viel älter war, hatte ich gedacht, dass er eine Partnerin mit mehr Alter und Erfahrung vorziehen würde.

Später erzählte er mir, dass er, als die vier ausgewählt waren und er herausfand, dass ich einer von ihnen war, hinausgeschlichen sei und zum Herrn gebetet habe, dass ich ihn als meinen Begleiter auswählen möge. Sein Gebet wurde erhört und beantwortet, und wir waren beide zufrieden.

Als wir nach Inseln zogen, fiel uns Maui zu. Als wir daran vorbeisegelten, wurden meine Gefühle zu dieser Insel hingezogen und ich spürte, dass ich sie gern zu meinem Arbeitsgebiet machen wollte. Ich wusste nicht, warum das so war, außer dass der Herr mir dieses Gefühl gab, denn ich wusste nichts über die Insel, was sie in meinen Augen zu einem begehrenswerten Ort gemacht hätte.

Meine Freude war an diesem Abend sehr groß, wegen dieser wunderbaren Offenbarungen der Güte Gottes. Ich fühlte, dass er nahe war, um Gebete zu hören und zu beantworten und die rechtschaffenen Wünsche unserer Herzen zu erfüllen; und wie könnten wir in Zukunft an seiner Vorsehung und Fürsorge für uns zweifeln?

Kinder, ich kenne kein Gefühl, das die menschliche Brust mit so unaussprechlichem Glück, Freude und Vertrauen erfüllen kann wie der Glaube an Gott. Wenn Gott mit uns ist, wer kann dann gegen uns sein?

Wie ich bereits erwähnte, waren wir acht Älteste, abgesehen von den beiden, die in Honolulu bleiben sollten. Ihre Namen waren Hiram Clark, der Präsident, und sein Mitarbeiter Thomas Whittle. Die Insel, auf der wir zuerst landeten, sollte ihr Arbeitsfeld sein. Die vier, die zum Vorsitz über die anderen Inseln auserwählt wurden, waren: Henry W. Bigler , dessen Partner Thomas Morris war und dem die Insel Molokai durch das Los zufiel; John Dixon, dessen Partner William Farrer war und dessen Arbeitsfeld die Insel Kauai war; James Hawkins, der Hiram Blackwell zu seinem Gefährten auswählte und dem die Insel Hawaii als Arbeitsfeld zufiel; und George Q. Cannon, dessen Mitarbeiter James Keeler war und deren Arbeitsfeld die Insel Maui war.

Da der Präsident Bruder Morris riet, seine Arbeit in Honolulu aufzunehmen, Bruder Bigler daher allein war und seine Insel in günstiger Nähe zu Maui lag, beschloss er, die beiden letztgenannten Ältesten nach Maui zu begleiten.

Der Gedanke, sich von seinen Gefährten in einem fremden Land zu trennen, löst bei einem Älteren ein Gefühl der Einsamkeit aus, besonders wenn er jung und unerfahren ist. Unser Trost bei dieser Gelegenheit war, dass wir den Plan verfolgten, durch den wir größere Freude ernten könnten.

Kapitel 4

Unser Haus auf Maui – Gespräche mit dem Konsul und dem Gouverneur – Unsere erste öffentliche Predigt – Wir beschließen, die Sprache zu lernen und den Eingeborenen das Evangelium zu verkünden

Lahaina ist die größte Stadt auf Maui. Sie hat keinen Hafen, aber Schiffe ankern in der sogenannten Reede. Vom Meer aus betrachtet ist die Stadt nicht sehr eindrucksvoll. Sie liegt auf einem ebenen Landstreifen und erstreckt sich entlang des Strandes, und die Häuser sind fast von der Vegetation verdeckt. Es sind Kokosnusshaine zu sehen, die dem Ort ein tropisches Aussehen verleihen.

Es war sehr schwierig für uns, einen geeigneten Ort zum Übernachten zu finden. Es gab ein Hotel und einige Pensionen, aber in keiner davon konnten wir sehr lange bleiben, da unsere Mittel knapp waren. Wir sicherten uns ein Einzimmerhaus für vier Dollar Miete pro Woche.

Diese einheimischen Häuser werden gebaut, indem man Pfosten in den Boden steckt, auf die man ein Brett legt, das als Unterlage dient, auf der die Dachsparren ruhen. Wenn das Gerüst aus Pfosten und Dachsparren gebaut ist, werden Stangen, etwa so groß wie Reifstangen, horizontal im Abstand von etwa 15 cm an den Pfosten und Dachsparren befestigt. Das Haus wird dann mit einem Strohdach gedeckt, indem man ein robustes Gras, das in diesem Land vorkommt, an den Pfosten befestigt. Wenn das Haus fertig ist, sieht es in Form und Größe wie ein gut gebauter Heuhaufen aus.

Solche Häuser sind nur für warme Länder geeignet, in denen es nie Frost gibt. Im Haus gibt es keine Dielenböden. Der Boden ist mit Gras bedeckt, auf das Matten gelegt werden. Die Herstellung dieser Matten ist eine der Hauptbeschäftigungen der Frauen, und eine gute Hausfrau in diesem Land erkennt man an der Menge und Feinheit der Matten in ihrem Haus. Eine solche Frau legt großen Wert darauf, dass kein Schmutz in ihr Haus gebracht wird, denn die Matten dienen als Betten, Tische und Stühle. Sie sitzen darauf; wenn sie essen, wird ihr Essen darauf gelegt, und sie bilden ihr Bett, obwohl in vielen Häusern der Schlafplatz über dem normalen Boden liegt; aber selbst dann haben sie Matten ausgebreitet, auf denen sie schlafen können.

Da wir Weiße waren, besorgte der Mann, von dem wir das Haus mieteten, einen Tisch und drei Stühle für uns. Wir beauftragten ihn, unser Essen zu kochen, das hauptsächlich aus Süßkartoffeln und Fisch oder Fleisch bestand, gelegentlich mit etwas Brot, das wir in einer Bäckerei in der Stadt kauften. Damals dachte kein Eingeborener daran, Brot als Nahrungsmittel zu verwenden. Ihr Essen werde ich Ihnen in einem späteren Kapitel ausführlicher beschreiben.

Wir hatten ein Gespräch mit dem amerikanischen Konsul, Herrn Bunker, und baten ihn, uns dem Gouverneur der Insel vorzustellen. Er kam unserer Bitte bereitwillig nach und behandelte uns im Umgang mit Herrn Bunker sehr freundlich.

Wir empfanden unsere Mission als so wichtig, dass wir sie der höchsten Autorität vorstellen wollten, die wir finden konnten. Ich machte es mir auf diesen Inseln zur Regel, nie einen Ort zu betreten, ohne die führenden und prominenten Männer aufzusuchen, ihnen mein Anliegen darzulegen, das Werk zu bezeugen, das Gott begonnen hatte, und sie um Hilfe zu bitten, damit ich die Proklamation, deren Überbringer ich war, vor das Volk bringen konnte. Auf diese Weise hatte ich an jedem Ort, den ich besuchte, Gespräche mit Prinzen, Adligen, Gouverneuren , Regierungsbeamten, Missionaren und den führenden Männern.

Dieser Weg mag nicht in jedem Land und unter allen Umständen klug sein, aber ich wurde dazu geführt, ihn dort einzuschlagen, und die Auswirkungen waren gut. Ich wurde furchtlos und stark, was ich nicht gehabt hätte, wenn ich mich in eine Ecke zurückgezogen und so getan hätte, als schäme ich mich meiner Mission. Ich gewann auch an Einfluss bei den Menschen, und sie lernten, mich zu respektieren; denn wie sehr die Menschen auch in ihren Ansichten über Religion und andere Dinge unterschiedlich sein mögen, im Allgemeinen respektieren sie Aufrichtigkeit und Mut.

Der Gouverneur hieß James Young. Er war Halbweißer, denn sein Vater war ein Freund von Kamehameha dem Ersten und einer der ersten Weißen, die sich unter den Hawaiianern niederließen. Wir baten darum, den Palast, der damals noch nicht von der königlichen Familie bewohnt war, für unsere Predigten nutzen zu dürfen. Er versprach, seinem Bruder, dem Innenminister, darüber zu schreiben. Wir besuchten ihn später mehrmals, konnten aber keine eindeutige Antwort erhalten. Es war uns völlig klar, dass er es nicht wagte, uns irgendwelche Gefälligkeiten zu gewähren.

Rev. Mr. Taylor war der Kaplan der Bethel Chapel in Lahaina, wo Seeleute und die meisten weißen Einwohner zum Gottesdienst hingingen. Wir stellten uns ihm vor, erzählten ihm, woher wir kamen und was wir vorhatten, und baten um das Privileg, in seiner Kapelle eine Versammlung abzuhalten. Er hielt morgens und abends Versammlungen ab. Er willigte ein und teilte den Leuten am Morgen mit, dass wir am Nachmittag eine Versammlung abhalten würden. Elder Henry W. Bigler hielt die Ansprache, und Bruder Keeler und ich legten Zeugnis ab. Wir waren bald davon überzeugt, dass unsere Mission auf diesen Inseln nur von kurzer Dauer sein würde, wenn wir unsere Arbeit auf die Weißen beschränkten.

Die Weißen waren in Lahaina nicht zahlreich und auch an anderen Orten auf der Insel Maui gab es nur sehr wenige. Ihnen zu predigen und sie so von der Wahrheit zu überzeugen, schien ein hoffnungsloses Unterfangen. Die Frage stand sofort im Raum: „Sollen wir unsere Arbeit auf die Weißen beschränken?" Es stimmt, dass uns nicht ausdrücklich aufgetragen worden war, den Eingeborenen der Inseln zu predigen, aber wir waren mitten unter ihnen und hatten die volle Autorität, ihnen die Botschaft der Erlösung zu verkünden, und wenn wir sie ihnen nicht verkündeten, mussten andere Älteste kommen und dies tun, um den Auftrag Gottes an seine Diener zu erfüllen.

Ich für meinen Teil fühlte, dass es meine Pflicht war, alle Menschen zu warnen, Weiße und Rote; und kaum hatte ich den Zustand der Bevölkerung erfahren, beschloss ich, die Sprache zu erlernen, den Eingeborenen und den Weißen das Evangelium zu predigen, wann immer ich die Gelegenheit dazu hatte, und so meine Mission zu erfüllen. Ich war entschlossen, dort zu bleiben, die Sprache zu erlernen und die Menschen dieser Inseln zu warnen, auch wenn ich es allein tun musste; denn ich fühlte, dass ich nicht anders konnte und frei von Verurteilung war; der Geist der Verurteilung war auf mir. Die Ältesten Bigler und Keeler empfanden dasselbe.

Ich erwähne dies, weil es ein Punkt war, über den später Meinungsverschiedenheiten aufkamen, da einige der Ältesten der Meinung waren, dass unsere Mission den Weißen galt und dass wir nach einer Warnung zurückkehren könnten. Wie können Ihrer Meinung nach solche Meinungsverschiedenheiten beigelegt werden? Hätte der Missionspräsident die Autorität ausgeübt, zu diktieren, hätte er zwischen diesen Ansichten entscheiden können; aber er wollte es nicht. Er überließ es jedem, für sich selbst zu handeln. Wir waren in einem fremden Land, weit entfernt von den Aposteln und der Ersten Präsidentschaft, und konnten uns daher nicht an sie wenden. Unsere einzige Möglichkeit bestand darin, selbst Offenbarung vom Herrn zu erlangen. Dies ist das Vorrecht jedes Mannes und jeder Frau in der Kirche. Wenn Heilige der Letzten Tage nach Wissen streben, wird Gott es ihnen geben, um sie in allen Einzelheiten des Lebens zu leiten, natürlich vorbehaltlich der präsidierenden Autorität und ihrer Lehren und Ratschläge. Auf diese Weise konnten wir auf den Sandwichinseln wissen, welchen Weg wir einschlagen sollten.

Weiße Männer, die auf die Sandwichinseln gehen, benehmen sich nicht immer so, wie sie sollten. Wir sahen einige, die sich äußerst schändlich benahmen. Sie schienen zu glauben, dass sie, weil sie unter den Eingeborenen waren, jeglichen Anstand aufgeben könnten. Die Eingeborenen sind sehr aufmerksame Beobachter. Sie merkten bald, dass wir nicht wie viele der Weißen waren, die sie gesehen hatten, und begannen, sich für uns zu interessieren. Sie halfen uns bereitwillig, ihre Sprache auszusprechen und zu lesen. Der Mangel an Büchern war zunächst ein großes Hindernis; aber wir schickten nach Honolulu, um welche zu holen.

Mein Wunsch, sprechen zu lernen, war sehr stark; er begleitete mich Tag und Nacht, und ich ließ keine Gelegenheit aus, mit den Eingeborenen zu sprechen, ohne ihn zu verbessern. Ich versuchte auch, vor dem Herrn Glauben zu üben, um die Gabe des Sprechens und Verstehens der Sprache zu erlangen. Eines Abends, als ich auf den Matten saß und mich mit einigen Nachbarn unterhielt, die vorbeigekommen waren, verspürte ich ein ungewöhnlich großes Verlangen, zu verstehen, was sie sagten. Auf einmal spürte ich ein eigenartiges Gefühl in meinen Ohren; ich sprang auf, legte die Hände an die Seiten meines Kopfes und rief den Ältesten Bigler und Keeler, die am Tisch saßen, zu, dass ich glaube, ich hätte die Gabe des Dolmetschens erhalten! Und so war es.

Von da an hatte ich kaum noch Schwierigkeiten, zu verstehen, was die Leute sagten. Ich war vielleicht nicht in der Lage, jedes Wort, das sie sagten, sofort von jedem anderen Wort im Satz zu trennen, aber ich konnte die allgemeine Bedeutung des Ganzen verstehen. Das war mir eine große Hilfe beim Erlernen der Sprache und ich war sehr dankbar für dieses Geschenk des Herrn.

Ich erwähne dies, damit meine Leser wissen, wie bereitwillig Gott seinen Kindern Gaben schenkt. Wenn sie als Missionare in ein fremdes Land berufen werden, dessen Sprache sie nicht verstehen, ist es ihr Vorrecht, Glauben auszuüben, um die Gaben zu erlangen, diese Sprache zu sprechen und zu interpretieren, und auch um jede andere Gabe zu erlangen, die sie benötigen.

Kapitel 5

Güte von Na-Lima-Nui – Nach Honolulu – Einige der Ältesten beschließen, nach Hause zurückzukehren

Etwas mehr als drei Wochen waren vergangen, als unser Geld bis auf einen kleinen Teil ausgezahlt wurde. So sehr uns die Idee auch missfiel, es schien uns doch notwendig, uns zu trennen und nach Wohnorten zu suchen, wo wir sie unter den Eingeborenen finden konnten. Wir warfen Lose, um zu erfahren, welche Richtung wir einschlagen sollten. Elder Henry W. Bigler zog nach Süden, Elder James Keeler nach Osten und ich nach Norden.

Ich hatte dem Mann, von dem wir das Haus gemietet hatten, unsere Lage erklärt. Natürlich waren meine Erklärungen nicht perfekt, denn drei Wochen Aufenthalt hatten uns die Sprache nicht zu Meistern gemacht; aber er verstand die Situation genau. Er ging zu einem Nachbarhaus, wo die Familie lebte, die unsere Wäsche gewaschen hatte und die sehr freundlich und nett gewesen war, und erzählte der Dame, wie die Dinge um uns standen. Sie kam herein; aber wir waren so beschäftigt mit unseren Vorbereitungen für die Abreise, dass wir nicht mit ihr sprachen, und sie ging wieder weg.

Bruder Bigler machte sich mit einem Stück Papier in der Hand auf den Weg in die Richtung, die ihm vorgelegen war. Darauf waren Sätze in Muttersprache, wie er sie wahrscheinlich brauchen würde, mit ihrer Bedeutung in Englisch geschrieben. Bruder Keeler und ich bereiteten uns gerade darauf vor, in die Richtung zu gehen, die uns vorgelegen war, als Bruder Keeler vorschlug, Na- limanui aufzusuchen , die alte Dame, von der ich gesprochen habe. Unser Ziel war es, von ihr zu erfahren, wer wahrscheinlich Fremde bewirten würde, wenn wir konnten.

„Na-limanui " bedeutet in der Sprache der Sandwichinseln „große Hände". *Lima* ist das Substantiv *Hand* , *nui* ist das Adjektiv *groß* und *na ist das Pluralzeichen. Sie sehen , es ist eine anders konstruierte Sprache als unsere. Das Pluralzeichen steht vor dem Substantiv* und das qualifizierende Adjektiv folgt darauf, wie „Hände groß".

Na-limanui wusste nicht, wo wir einen Mann finden könnten, der uns unterhalten könnte, aber sie sagte, wir könnten gerne zu ihr kommen und in ihrem Haus wohnen. Wir unterhielten uns lange mit ihr, und ich versuchte, ihr unsere Lage und unseren Grund für die Reise auf die Inseln zu erklären. Wir hätten kein Geld, sagte ich, aber alles, was wir hätten, würden wir ihr gern geben. Wir fühlten uns bescheiden und wären froh gewesen, eine Ecke auf dem Boden zum Schlafen zu bekommen, damit wir leben, die Sprache lernen und unsere Mission erfüllen könnten.

Die Freundlichkeit dieser alten Dame berührte mich und ich konnte meine Tränen nicht zurückhalten. Noch nie in meinem Leben war ich so dankbar wie für den Schutz, den sie mir bot. Ich lobte den Herrn dafür; Er war es, der ihr Herz und das ihrer Familie berührte.

Der Gedanke, dass wir uns nicht trennen mussten, steigerte unsere Freude, und Sie können sich wahrscheinlich vorstellen, mit welcher Freude wir uns auf die Suche nach Bruder Bigler machten . Es war ihm gelungen, einen Einheimischen zu finden, der bereit war, ihm Nahrung und Unterkunft zu geben, wenn er seine Kuh melken und andere Arbeiten übernehmen würde. Er war ebenso erfreut wie wir, als , er erfuhr, dass wir zusammenleben konnten.

Wir erwarteten nicht, mehr zu bekommen als einen Platz, wo wir uns nachts in unsere Decken kuscheln konnten, aber Na-limanuis Tochter , die mit einem Spanier verheiratet war, wohnte nebenan. Sie hatte dafür gesorgt, dass ihre Mutter in ihren Räumen lebte, und das Zimmer der alten Dame war für uns vorbereitet worden. Sie hatten das Zimmer so gut hergerichtet, wie sie konnten.

Ich hatte noch nie zuvor ein so tiefes Gefühl der Dankbarkeit empfunden, als wir in der Hütte dieser armen Eingeborenen eine Unterkunft fanden.

Seit jenen frühen Tagen meines Lebens hatte ich das Glück, viel zu reisen und in vielen Ländern mit unseren Missionaren zusammenzukommen. Ich habe Älteste gesehen, die bereit waren, alles für das Evangelium zu ertragen; ihre Herzen waren voller Freude und dem brennenden Wunsch, ihr Priestertum groß zu machen und ihre Missionen zu erfüllen. Was sie aßen oder tranken, wo sie wohnten oder wie sie gekleidet waren, war ihnen egal, solange sie den Geist des Herrn in sich trugen und ihrer Pflicht nachgingen. Andere, die ich gesehen habe, empfanden jede kleine Entbehrung als schreckliche Härte; die dachten, wenn nicht alles glatt lief, müssten sie mehr leiden als nötig, und die bereit waren, ihr Arbeitsfeld zu verlassen und bei der ersten Gelegenheit nach Hause zu rennen.

Ich brauche wohl kaum zu sagen, dass Männer dieser letzteren Klasse selten, wenn überhaupt, erfolgreiche Missionare sind. Sie denken zu sehr an ihre eigene Bequemlichkeit und ihren eigenen Komfort und sind zu sehr mit sich selbst beschäftigt, als dass sie sich unter irgendwelchen schwierigen Umständen für die Rettung anderer einsetzen würden. Wenn ein Ältester den Geist seiner Mission hat, vergisst er seinen eigenen Komfort. Er ist vollkommen glücklich, wenn er das Evangelium verkündet und für die Rettung anderer arbeitet, und er macht sich kaum Gedanken darüber, welche Nahrung er zu sich nimmt oder wie es ihm in anderer Hinsicht ergeht. Seine körperlichen Bedürfnisse werden von seiner Freude an Christus verschlungen.

So waren unsere Gefühle zu der Zeit, von der ich schreibe. Wir waren bereit, von jeder Nahrung zu leben, die unseren Körper stärkte, wie gewöhnlich oder sogar unangenehm sie auch sein mochte; wir waren froh, eine Unterkunft zu bekommen, wie bescheiden sie auch sein mochte; unser Wunsch war es, unsere Mission zu erfüllen: und weil wir so fühlten, glich der Herr jeden Mangel an Trost aus, indem er uns seinen Heiligen Geist gab.

Ich war noch nie in meinem Leben so glücklich wie damals. Wenn ich betete, konnte ich mich voller Glauben an Gott wenden. Er erhörte meine Gebete. Er spendete mir großen Trost und große Freude. Er offenbarte sich mir wie nie zuvor und sagte mir, wenn ich durchhielte, würde ich gesegnet werden, viele zur Erkenntnis der Wahrheit führen und nach einer guten Tat verschont bleiben und nach Hause zurückkehren können.

In jenen Tagen, als Er der einzige Freund war, auf den wir uns stützen konnten, wurden mir viele Dinge offenbart, die sich später erfüllten. Zwischen unserem Vater und mir entstand eine Freundschaft, die, so hoffe ich, niemals gebrochen oder gemindert werden wird und die, wie ich hoffe, von damals bis heute immer stärker geworden ist.

Normalerweise schreibe ich nicht so freimütig über mich selbst, aber ich schreibe für Kinder, die meine Erfahrungen lesen und auf die ich Eindruck machen möchte. Ich wünsche mir, dass sie Gott zu ihrem Freund machen und ihn voller Glauben um die Freude, den Frieden und die vollkommene Liebe bitten, die nur er geben kann.

Kurz nachdem wir in das Haus von Na-limanui eingezogen waren , wurde ich per Brief nach Honolulu gerufen. Der Partner des Missionspräsidenten hatte beschlossen, nach Hause zurückzukehren, und ich wurde gebeten, nach Honolulu zu ziehen, um an seiner Stelle zu handeln.

Diese Nachricht kam für mich unerwartet und der Abschied von meinen Gefährten war fast so schmerzhaft wie der Abschied von zu Hause. Außer dem Ältesten, von dessen geplanter Abreise ich gehört hatte, traf ich dort noch zwei andere an, die bereit waren, nach Hause zurückzukehren — denen die Insel Kauai als Arbeitsfeld zugefallen war.

Auf dieser Insel gab es nur wenige Weiße. Sie hatten ihnen gepredigt, aber keine Ermutigung erhalten. Sie hatten dem Präsidenten der Mission geschrieben, die Lage geschildert und er hatte ihnen geraten, nach Honolulu zu kommen.

Der Gedanke, die Inseln zu verlassen, weil es nicht genügend Weiße gab, denen man das Evangelium predigen konnte, war meinen Gefährten auf Maui und mir selbst so fremd, dass ich überrascht war, als ich hörte, diese Ältesten seien mit der Absicht dort, nach Hause zurückzukehren.

Ich verbarg meine Gefühle nicht vor ihnen; ich sagte ihnen, dass ich unter den gegebenen Umständen nicht nach Hause gehen könne, ohne mich verurteilt zu fühlen. Der Herr, sagte ich, würde mich meiner Meinung nach dafür zur Rechenschaft ziehen, dass ich meine Pflicht gegenüber diesem Volk nicht erfüllt hätte, wenn ich es verlassen würde; und das Volk könnte sich eines Tages gegen mich erheben, weil ich ihnen nicht das Privileg gewährt habe, die Wahrheit zu hören. Ich betete, dass die Zeit bald kommen möge, in der alle den Herrn kennen und sein Wissen die Erde bedecken würde, wie die Wasser die Tiefen bedeckten; und ich glaubte an die Vereinigung von Werken und Glauben. Es würde sich schlecht anhören, wenn zehn Älteste von Elder Charles C. Rich, einem der Zwölf Apostel, auf die Inseln geschickt würden, um zu predigen und zu handeln, wie der Geist und die Umstände es gebieten würden, und wenn wir feststellten, dass es keine Weißen gab, die uns aufnehmen würden, würden wir umkehren und nach Hause gehen und eine ganze Nation in Unwissenheit zurücklassen, weil er uns nicht zufällig gesagt hatte, dass wir in ihrer eigenen Sprache zu ihnen predigen sollten. In diesem Zusammenhang habe ich noch vieles mehr gesagt, eine Wiederholung ist hier jedoch nicht nötig.

Elder Rich hatte Bruder Whittle gesagt, er könne nach einer kurzen Missionsarbeit nach Hause zurückkehren. Der Präsident der Mission hatte bei den Versammlungen, die sie abgehalten hatten, die ganze Predigt gehalten und ihm nicht einmal die Gelegenheit gegeben, sein Zeugnis abzulegen. Seine Lage war und war immer noch unangenehm, und er sah keine Möglichkeit, sie zu ändern. Wenn er etwas Gutes tun könnte, wäre er bereit zu bleiben, aber er dachte, dass es unter seinen Umständen sinnlos wäre.

Bruder Willam Farrer, einer der Ältesten, der auf Kauai gearbeitet hatte, beschloss, nicht nach Hause zurückzukehren, sondern dort zu bleiben und sich dem Erlernen der Sprache zu widmen. Sein Partner jedoch wollte nicht aufhören. Er war fest entschlossen, zurückzukehren. Da ich ein enger Bekannter war, sprach ich offen mit ihm über das Thema. Er würde nach Hause gehen, sagte er, und gerne eine Mission nach Europa übernehmen, wenn er dazu ernannt würde; aber dort zu arbeiten, könne er nicht mit Freuden. Außerdem sei er ein alter Junggeselle, fügte er hinzu, und er sollte heiraten, also würde er nach Hause zurückkehren und sich eine Frau nehmen. Er kehrte nach Hause zurück; aber der arme Kerl fand nie eine Frau. Einige Zeit nach seiner Rückkehr verließ er mit einigen anderen Brüdern die Stadt, um in Parley's Park Holz zu holen. Auf ihrer Rückkehr wurden sie von Indianern überfallen und er wurde getötet.

Nachdem ich von seinem Tod erfahren hatte, fragte ich mich oft, ob es für ihn nicht besser gewesen wäre, wenn er geblieben wäre. Denn wenn das der Fall gewesen wäre, glaube ich, würde er noch leben.

Kapitel 6

Ich kehre nach Maui zurück – Wir werden vom Präsidenten der Mission besucht, der beschließt, zu den Marqueses- Inseln zu gehen – werden nicht dazu gebracht, mit ihm zu gehen – „Poi", seine Zubereitung und Besonderheiten

Die Fortschritte, die ich beim Erlernen der Sprache gemacht hatte, überraschten die Ältesten in Honolulu. Ich konnte mich einigermaßen gut mit den Einheimischen unterhalten und verstehen, was sie sagten. Als sie erfuhren, wie der Herr uns den Weg geebnet und uns beim Erlernen der Sprache geholfen hatte, meinten sie, es wäre klug, wenn ich meine Arbeit dort fortsetzte, anstatt nach Honolulu zu ziehen. Dies war nach einer gemeinsamen Beratung die Entscheidung des Präsidenten.

Ich war über das Privileg, nach Maui zurückkehren zu können, sehr erfreut, denn meiner Ansicht nach waren die Aussichten, in Honolulu viel Gutes zu bewirken, damals nicht sehr rosig.

Elder William Farrer segelte mit mir nach Maui, um Partner von Henry W. Bigler zu werden .

Wir hatten Lahaina kaum erreicht, als uns Elder Hiram Blackwell von der Insel Hawaii, wo er mit Elder James Hawkins gewesen war, besuchte. Er war auf dem Weg nach Honolulu und wollte, wenn es nicht gegen den Rat verstieß, nach Hause zurückkehren. Er war entmutigt, die Sprache zu lernen und den Eingeborenen zu predigen. Er erreichte Honolulu rechtzeitig, um mit den anderen Ältesten zurückzukehren.

An dieser Stelle möchte ich der Reihenfolge meiner Erzählung vorgreifen, indem ich erwähne, dass Elder James Hawkins, Bruder Blackwells Partner, einige Zeit auf Hawaii blieb und sich bemühte, die Sprache zu erlernen und den Menschen das Evangelium zu verkünden. Später kam er nach Maui, arbeitete dort und erfüllte eine gute Mission, bevor er nach Hause zurückkehrte.

Etwa drei Wochen nach meiner Rückkehr aus Honolulu bekamen wir überraschend Besuch vom Präsidenten der Mission. Er hatte beschlossen, die Sandwichinseln zu verlassen und zu den Marquesasinseln zu gehen, da er dachte, dass es dort bessere Einsatzmöglichkeiten gäbe.

Diese letzteren Inseln, 30° südlich von unserem damaligen Standort, werden von einem Volk bewohnt, dessen Sprache der der Eingeborenen der Sandwichinseln sehr ähnlich ist. Sie stammen wahrscheinlich von einem gemeinsamen Stamm ab. Aber sie sind von Natur aus wilder und wilder als die Sandwichinsulaner. Von einigen von ihnen heißt es, dass sie im Krieg keine Einwände dagegen hätten, ein Stück gebratenen Menschen zu essen; tatsächlich genießen sie eine solche Mahlzeit zu solchen Zeiten sogar, da sie glauben, dass sie dadurch mutiger werden.

Das Hauptmotiv unseres Präsidenten, uns zu besuchen, war, uns mitzunehmen. Wenn die Aussichten auf Maui nicht besser waren als auf der Insel, auf der er gewesen war, dachte er, wir sollten ihn begleiten. Wir lehnten seinen Vorschlag nicht ab, weil wir Angst hatten, dass die Leute der Marquesas-Insel uns fressen könnten, sondern weil wir nicht einsahen, was angemessen war.

Unsere Lage war damals eine besondere. Unser Präsident, der Mann, der uns beraten und führen sollte, schlug uns vor, das Gebiet, das uns zugewiesen worden war, zu verlassen und eine mehrere hundert Meilen lange Reise in ein anderes Land zu unternehmen, um dort zu arbeiten. Was sollten wir tun? Wie weit mussten wir gehen, um ihm Gehorsam zu leisten? Dies war eine wichtige Frage. Einem Mann, der rechtmäßig Autorität ausübte, nicht zu gehorchen, war eine Handlung, vor der wir natürlich zurückschreckten; und eine Handlung, der wir uns auch nicht im Geringsten schuldig machen wollten. Aber wir hatten das Gefühl, dass es nicht richtig für uns wäre, diese Insel zu diesem Zeitpunkt zu verlassen.

Wir hatten nur wenig getan, um die Menschen zu warnen oder unsere Mission zu erfüllen. Warum sollten wir sie dann verlassen, mehr als am ersten Tag, als wir an Land gingen? Wir waren von der Autorität, die ihn und uns rief, nicht dazu bestimmt worden, zu den Marquesas-Inseln zu gehen. Wir wussten, dass es dort keine Möglichkeit gab, und wir wussten auch keinen Grund, warum wir dorthin gehen sollten, anstatt an jeden anderen Ort der Erde. Wenn wir unserem Präsidenten dorthin folgten, weil er uns gesagt hatte, wir sollten mit ihm kommen, und wir keine Möglichkeit finden würden, das Evangelium zu predigen, warum sollten wir ihm dann nicht in ein anderes Land folgen, wenn er uns darum bitten sollte?

Glücklicherweise mussten wir seinen Rat nicht ablehnen. Er spürte ganz deutlich, dass sein Vorschlag uns nicht gefiel. Er war noch nicht viele Stunden bei uns, als er das herausfand, und er sagte uns, dass es wahrscheinlich besser für uns wäre, dort zu bleiben, wo wir waren, bis wir den Leuten einen fairen Prozess gemacht hätten. Und wenn wir dann nichts tun könnten, könnten wir ihm folgen, da er vorhatte, uns über seinen Erfolg zu schreiben. Als wir das erste Mal von ihm hörten, war er nach Tahiti auf den Gesellschaftsinseln abgereist, wo einige unserer Ältesten damals arbeiteten. Seine Mission war jedoch für ihn selbst nutzlos.

Wenn ein Ältester den Geist seiner Mission hat, kann er nicht zufrieden sein, wenn er den Menschen nicht die Botschaft verkündet, die ihm anvertraut wurde. Umgeben Sie ihn mit allem Trost, den sein Herz sich nur wünschen kann, und wenn er diesen Geist hat, wird er immer noch

bestrebt sein, unter die Menschen zu gehen, selbst wenn er weiß, dass er
Entbehrungen und Verfolgung ausgesetzt sein wird. Dies war mein Gefühl
vor dem Besuch des Präsidenten der Mission, und nachdem er gegangen
war, wuchs meine Angst, und ich sagte den Brüdern, dass ich zu den
Eingeborenen vordringen und anfangen müsse, ihnen so gut zu predigen,
wie ich konnte. Ich hatte sehr gute Fortschritte in der Sprache gemacht
und fühlte mich in der Lage, die Grundprinzipien des Evangeliums
teilweise zu erklären.

Etwa eine Woche nach dem Besuch des Präsidenten brach ich auf, mit der
Absicht, falls ich keine Gelegenheit dazu bekam, die Insel zu umrunden.
Aber der Herr hatte mir offenbart, dass ich ein Volk vorfinden würde, das
bereit war, die Wahrheit anzunehmen; und ich brach auf wie ein Mann, der
seine Freunde treffen möchte. Obwohl ich sie noch nie persönlich gesehen
hatte, wusste ich, dass sie mir keine Fremden sein würden, wenn ich ihnen
begegnete.

Ich lieh mir Bruder Biglers Reisekoffer, den er selbst viele Tage lang bei
mir getragen hatte, als er in den Staaten auf Mission war, und machte mich
auf den Weg. Dabei war ich so stolz auf das Privileg, ihn über der Schulter
zu tragen, wie jeder Ritter, der zum ersten Mal seine goldenen Sporen trug.

Schon als kleiner Junge war es mein größter Herzenswunsch gewesen,
Priester zu werden und das Evangelium predigen zu dürfen. Dieser
Wunsch sollte nun in Erfüllung gehen, und obwohl ich schüchtern und
sehr verlegen war, hatte ich das Gefühl, dass Gott mich sicher
hindurchbringen würde.

Die Brüder begleiteten mich etwa vier Meilen weit auf meinem Weg. Wir
waren weit weg von all unseren Freunden und Fremde in einem fremden
Land; unser Abschied war daher, wie zu erwarten, schmerzlich. Sie blieben,
um ihr Sprachstudium fortzusetzen.

Es war mir klar, dass der Engel des Herrn bei mir war, denn wo auch
immer ich anhielt, wurde ich äußerst freundlich empfangen und die besten
Leute standen mir zur Verfügung.

Das Hauptnahrungsmittel der Eingeborenen der Sandwichinseln heißt *Poi*
. Es wird aus einer Wurzel hergestellt, die sie *Kalo nennen* . „ Kalo "-Beete
werden so angelegt, dass sie mit Wasser überflutet werden können, und
der Boden darf nie freigelegt werden. Zum Pflanzen dieser Wurzel
verwenden sie keinen Samen. Wenn ein Eingeborener das „ Kalo "
sammelt, trägt er es nach Hause, wo er die Spitzen abschneidet. Diese
werden sorgsam aufbewahrt, zu einem Bündel zusammengebunden und
zum Beet zurückgebracht. Diese Spitzen steckt er im richtigen Abstand in

den Schlamm, und nach etwa elf Monaten hat er eine weitere „ Kalo “-Ernte. Dies ist der Vorgang des Sammelns und Pflanzens.

des „ Kalo “ ähneln in gewisser Weise den wilden indischen Rüben, aber seine Wurzel ist viel größer; sie hat nicht ganz die Form einer normalen Rübe, sondern ist so groß wie eine mittelgroße. Es gibt eine Sorte namens „Trockenland- Kalo “. Sie wird nicht so intensiv angebaut wie die andere Art und gilt nicht als so schmackhaft.

In der Nähe jedes Hauses gibt es eine runde Grube. Wenn „ Kalo “ gekocht werden soll, macht man darin ein Feuer und häuft eine Menge kleiner Vulkangesteine darauf. Wenn das Feuer erlischt, sinken diese auf den Boden und werden auf dem Boden und an den Seiten der Grube verteilt. Dann legt man die „ Kalo “-Wurzeln hinein, breitet Matten darüber aus und füllt Erde, bis sie vollständig bedeckt sind, bis auf ein kleines Loch oben , in das Wasser gegossen wird. Dieses Loch wird dann verschlossen und der Kochvorgang beginnt.

„Aber wie kochen sie?“, fragen Sie sich vielleicht.

Beim Eingießen des Wassers verwandeln die heißen Steine das Wasser rasch in Dampf, und da dieser nicht entweichen kann, gart er die Wurzeln.

Ich habe gesehen, wie große Schweine auf diese Weise zubereitet wurden, und das Fleisch schmeckt süßer, als mit jeder anderen mir bekannten Methode. Die einheimischen Männer auf den Inseln übernehmen das Kochen.

Wenn das „ Kalo “ lange genug gekocht wurde, wird es aufgedeckt; die Schale wird abgewaschen und es wird mit einem Steinstößel auf einer großen flachen Holzplatte zerstampft, bis es wie eine Teigmasse aussieht. Dann wird es in eine Kalebasse oder einen Kürbis gegeben, und am nächsten Tag hat die Gärung begonnen; oder, wie wir sagen würden, wenn es Brot wäre, ist es „aufgegangen“. Dann wird Wasser hinzugefügt und es wird gemischt, bis es ein wenig dünner ist, als wir normalerweise Brei machen. Am ersten Tag hat es einen leicht säuerlichen Geschmack. Aber die Eingeborenen essen es zu dieser Zeit nie, es sei denn, sie haben keine andere Nahrung. Sie mögen es am liebsten, wenn es ganz sauer ist. Das nennen sie „Poi“, und es gibt ihrer Meinung nach kein anderes Essen, das damit vergleichbar wäre.

Ihre übliche Art zu essen ist bemerkenswert. Eine große Kalebasse mit „Poi“ wird auf die Matten gestellt; darum herum sitzt die Familie.

In Familien, die Wert auf Sauberkeit legen, wird eine kleine Kalebasse mit Wasser herumgereicht und jeder wäscht sich die Finger, bevor er mit dem Essen beginnt.

Um die Fliegen fernzuhalten, steht ein Junge oder ein Mädchen da und schwenkt ein *Kahili* , das aus an einem langen, schmalen Stock befestigten Federn besteht.

Beim Essen tauchen sie ihre ersten beiden Finger in die Kalebasse, füllen sie mit dem „Poi" und stecken sie in den Mund. Das Saugen an den Fingern, die Begeisterung, mit der sie essen, und die unaufhörliche Unterhaltung, die mit Gelächter vermischt ist, die sie führen, lassen einen Umstehenden zu dem Schluss kommen, dass ihnen das Essen schmeckt. Und das tut es. Wenn das „Poi" gut ist und sie reichlich Fisch oder Fleisch dazu essen, bereitet ihnen das Essen großen Spaß. Sie halten Weiße, die zusammen essen, ohne zu reden, für sehr ungesellige Wesen. Sie glauben, dass es der Gesundheit und dem Genuss des Essens zuträglich ist, sich beim Essen angenehm und lebhaft zu unterhalten.

Bevor ich Lahaina verließ, hatte ich einen Teelöffel voll „Poi" probiert; aber der Geruch davon und der Kalebasse, in der es enthalten war, ähnelte so sehr dem eines alten, sauren Teigtopfs eines Buchbinders, dass ich würgen musste, als ich es in den Mund nahm, und hätte mich übergeben müssen, wenn ich es geschluckt hätte. Aber als ich unter den Menschen reiste, lernte ich bald, dass ich ihnen große Unannehmlichkeiten bereiten würde, wenn ich kein „Poi" aß; denn sie müssten zu jeder Mahlzeit extra Essen für mich kochen. Das würde mich zu einer Last für sie machen und könnte meinen Erfolg beeinträchtigen. Ich beschloss daher, zu lernen, von ihrer Nahrung zu leben, und um dies zu erreichen, bat ich den Herrn, sie mir süß zu machen. Mein Gebet wurde erhört und beantwortet; als ich es das nächste Mal probierte, aß ich eine Schüssel davon, und es schmeckte mir ausgesprochen gut. Von da an war es mein Essen, wann immer ich es bekommen konnte, solange ich auf den Inseln blieb.

Es mag seltsam klingen, aber es ist wahr, dass ich mich an einen Tisch gesetzt habe, auf dem Brot lag, und obwohl ich seit Monaten kein Brot mehr probiert hatte, zog ich das „Poi" dem Brot vor; es schmeckte mir süßer als alles andere, was ich je gegessen hatte.

Kapitel 7

Beginnen Sie eine Tour rund um die Insel – kommen Sie in Wailuku an – Lernen Sie JH Napela auf außergewöhnliche Weise kennen

Es war während einer sehr nassen Jahreszeit, als ich den Leuten erzählte, dass ich die Insel umrunden würde. Sie hielten das für ein großes Unterfangen und versuchten, mich davon abzubringen. Offensichtlich hatte ich ihr Mitgefühl; ich sah jungenhaft aus und sie nannten mich ein *Keiki* , was in ihrer Sprache wörtlich „ein Kind" bedeutet.

Auf meiner Reise nahmen sie mir oft meinen Reisekoffer ab und trugen ihn, und wenn ich an ein Gewässer kam, schoben sie mich hinüber.

Ich durchquerte eine Reihe von Dörfern, durchquerte eine sehr raue, hügelige Landschaft und erreichte eines Nachts spät die Stadt Wailuku.

Obwohl ich bis zu diesem Zeitpunkt sehr freundlich behandelt worden war, hatte ich noch nicht die Menschen getroffen, von denen ich aufgrund der Offenbarungen des Geistes erwartet hatte, dass sie mein Zeugnis annehmen würden.

Der Hauptteil der Stadt Wailuku lag auf der anderen Seite eines Baches, beim Versuch, ihn zu überqueren, wurde ich nass.

Hier lebten einige Missionare, und als ich durch die Stadt kam, hoffte ich, dass ich Gelegenheit bekommen würde, ihnen vorgestellt zu werden. Denn ich hatte es mir bis dahin zur Regel gemacht, an keinem Missionar vorbeizugehen, ohne ihm von meiner Mission zu erzählen. Aber ich war staubig und von der Arbeit erschöpft und scheute mich, mich vorzustellen.

Zu diesem Zeitpunkt war ich schon zu dem Schluss gekommen, dass ich, da das Wetter so ungünstig war, nach Lahaina zurückkehren sollte. Und als ich durch Wailuku kam, nahm ich eine Straße, die meiner Meinung nach dorthin führte. Ich hatte die Stadt kaum verlassen, als ich das Gefühl hatte, zurückkehren zu müssen. Der Heilige Geist sagte mir, wenn ich das täte, würde ich die Gelegenheit bekommen, dem dort lebenden Missionar vorgestellt zu werden.

Als ich am Kirchhof vorbeikam, kamen zwei halbweiße Frauen aus einem Haus in der Nähe , und als sie mich sahen, riefen sie einigen Männern im Haus zu: „*E ka haole !*", was bedeutet: „Oh, der weiße Mann!" Dies wiederholten sie zwei oder drei Mal und riefen dabei einen der Männer beim Namen.

Als ich auf den Lattenzaun zuging, kamen drei Männer aus dem Haus und gingen auf das Tor zu. Als ich ihnen gegenüberstand, grüßte ich sie und wurde von ihnen ebenfalls gegrüßt.

Ich war erst ein paar Meter weiter, als der Anführer der Männer mich fragte, wohin ich ginge. Ich sagte ihnen, dass ich wegen des Wetters vorhabe, nach Lahaina zurückzukehren. Er sagte, da heute Samstag sei, sei es besser, ich bleibe bis Montag bei ihm.

Er erkundigte sich bei mir, wer und was ich sei, und als ich ihm das mitteilte, wurde sein Wunsch, mich bleiben zu lassen, noch größer. Ich ging mit ihm ins Haus, und nach einer kurzen Unterhaltung und einer Einladung zum Essen, die er anbot, schlug er vor, dass wir hinaufgehen und den Missionar besuchen sollten.

Das war genau, was ich wollte, und ich nahm seinen Vorschlag gern an.

Der Missionar hieß Conde, stammte aus Connecticut und war vom American Board of Foreign Missions ausgesandt worden.

Wir hatten ein sehr angenehmes Gespräch, in dessen Verlauf er viele Fragen über Utah, meinen Grund für die Reise auf die Inseln und unseren Glauben stellte. Er sagte, er könne an nichts von moderner Offenbarung glauben, äußerte aber den Wunsch, einige unserer Werke zu lesen.

Ich lieh ihm „Die *Stimme der Warnung*", obwohl ich wenig Hoffnung hatte, dass es irgendeine Wirkung auf ihn haben würde, da er die Lehren verurteilt hatte, bevor er sie gehört oder gelesen hatte.

In dem Moment, als ich das Haus dieses Eingeborenen betrat und ihn und seine beiden Freunde sah, war ich überzeugt, dass ich die Männer getroffen hatte, nach denen ich gesucht hatte.

Der Besitzer des Hauses war Richter und eine führende Persönlichkeit in diesem Bezirk. Sein Name war Jonatana H. Napela . Er war es, der 1866 in Begleitung von Elder George Nebeker Salt Lake City besuchte . Seine Begleiter hießen Uaua und Kaleohano . Sie wurden alle drei später getauft und zu Ältesten ordiniert. Napela ist inzwischen im Glauben gestorben und die anderen sind noch immer Mitglieder der Kirche.

Sie waren Absolventen der High School des Landes, hervorragende Redner und Denker und Männer von Ansehen und Einfluss in der Gemeinde.

Napela wollte unbedingt wissen, was ich glaube und worin sich unsere Lehren von denen der Missionare in ihrer Mitte unterscheiden. Ich erklärte ihm, so gut ich konnte, unsere Grundsätze, mit denen er sehr zufrieden zu sein schien. Doch am nächsten Tag nach dem Gottesdienst in ihrer Kirche rief Mr. Conde Napela und eine Reihe der führenden Männer zusammen und versuchte, sie gegen unsere Lehren aufzubringen, indem er alle möglichen Lügen über den Propheten Joseph und das Volk von Utah erzählte.

Das erfuhr ich beim Abendessen durch die Fragen, die Napela und einige seiner anwesenden Freunde an mich stellten. Ihre Fragen waren von der Art, dass sie mir bewiesen, dass ihnen jemand Lügen erzählt hatte. Später erfuhr ich, dass es das Werk des Missionars war.

Der Geist ruhte machtvoll auf mir und ich sagte ihnen, dass ich die Wahrheit hätte und flehte sie an, sie nicht abzulehnen, solange sie sie nicht selbst verstehen könnten, da ihnen ihre Seelen lieb seien; ich würde sie ihnen bald vollständig erklären können; die Grundsätze stünden in der Bibel und seien ewige Wahrheit. Sie waren zu Tränen gerührt und versprachen mir, dass sie nicht entscheiden würden, dass unsere Grundsätze falsch seien, bis sie eine vollständige Gelegenheit hätten, selbst zu urteilen; dieses Versprechen hielten, wie ich glücklich sagen kann, die meisten von ihnen, und ich hatte das Vergnügen, sie in die Kirche aufzunehmen.

Ich erwähne diesen Umstand besonders, um den Jungen, die dieses Werk lesen, zu zeigen, dass sie, wenn sie auf Mission gehen und ihrer Pflicht nachgehen, das Vorrecht haben, Offenbarungen vom Herrn zu erhalten, die sie auf all ihren Schritten leiten. Bevor ich Lahaina verließ, hatte man mich erwarten lassen, dass ich Menschen finden würde, die mich aufnehmen würden. Bis ich Wailuku erreichte, hatte ich sie nicht gefunden, und als ich dann dachte, es sei das Beste, auf einer anderen Straße und durch andere Dörfer nach Lahaina zurückzukehren, wurde mir gesagt, dass mein Wunsch, ein Gespräch mit dem Missionar zu bekommen, erfüllt werden würde, wenn ich nach Wailuku zurückkehrte.

Die halbweißen Frauen, die mich sahen, waren Napelas Frau und ihre Schwester. Es war etwas sehr Bemerkenswertes, wie sie aufschrien, als sie ihn und seine Gefährten im Haus sahen. Sie trafen sehr häufig auf Weiße, und es war nichts Ungewöhnliches für sie, so vorbeizugehen wie ich. Dies wurde in Gesprächen, die wir später führten, oft erwähnt, und sie fragten sich, warum sie das getan hatten. Ich weiß, dass es Gottes Werk war; denn wenn sie nicht aufgeschrien hätten, wäre ich unbemerkt vorbeigegangen und hätte sie verpasst. Für meine Augen war die Hand Gottes in all dem deutlich sichtbar, und ich dankte ihm für seine Gnade und Güte.

Kapitel 8

Das Handwerk eines Missionars in Gefahr – Er predigt gegen uns und unsere Lehren und beschimpft unsere Freunde – seine Bemerkungen werden jedoch zu unserem Besten überstimmt – Das Versprechen des Herrn erfüllt sich – Ich gehe nach Kula

Am Montagmorgen kehrte ich nach Lahaina zurück und wurde von den Brüdern herzlich empfangen. Sie waren sehr interessiert an der Schilderung der Ereignisse meiner Reise. Von da an hielt ich mich jedoch nur noch selten dort auf. So sehr mir die Gesellschaft der Ältesten auch gefiel, konnte ich mich dort nicht zufriedengeben, denn ich hatte das Gefühl, dass ich unter den Einheimischen sein und versuchen sollte, ihnen die Grundsätze des Evangeliums beizubringen, und es schien mir, als gäbe es für diese Arbeit an anderen Orten bessere Möglichkeiten als in Lahaina.

Da keiner der Ältesten auf der Insel Oahu war, wurde entschieden, dass die Ältesten Bigler und Farrer dorthin statt auf die Insel Molokai gehen sollten. Als sie zu dieser Insel segelten, was sie in wenigen Wochen taten, war Bruder James Keeler allein und hatte niemanden, mit dem er sich auf Englisch unterhalten konnte, es sei denn, er traf gelegentlich einen Weißen. Dies gab ihm eine bessere Gelegenheit, die Sprache zu erlernen, als er sie hatte, als wir alle dort waren. Nach einigen Wochen wurde auch er dazu veranlasst, von dort wegzugehen und auf der Insel herumzureisen, bis er Leute fand, die bereit waren, ihn und die Grundsätze, die er lehrte, aufzunehmen.

Als der presbyterianische Missionar in Wailuku sah, dass ich dorthin zurückgekehrt war, war er verärgert. Er setzte seinen ganzen Einfluss in seiner Gemeinde gegen mich ein, und eines Sonntags trat er öffentlich auf und hielt eine äußerst beleidigende Rede gegen den Propheten Joseph und unsere Grundsätze, in der er eine völlig falsche Erklärung über die Todesursache abgab und die Leute vor mir warnte.

Ich war zufällig anwesend, als diese Predigt gehalten wurde. Während ich ihr zuhörte, wurden mir die unterschiedlichsten Gefühle zuteil. Mein erster Impuls war, gleich nach seiner Predigt auf einen der Stühle zu springen und den Leuten zu sagen, dass er ihnen einen Haufen Lügen erzählt hatte. Aber ich dachte, das würde Verwirrung stiften und zu nichts Gutem führen. Als der Gottesdienst vorbei war, ging ich um die Kanzel herum, wo er stand. Er wusste, wie kurz wir auf den Inseln waren, und ich glaubte, er hatte keine Ahnung, dass ich verstehen konnte, was er gesagt hatte; als er mich sah, wurde sein Gesicht blass, und für mich sah er aus wie ein Mann, der bei einer gemeinen, niederträchtigen Tat ertappt worden war.

Ich sagte ihm, ich wolle ihm richtige Informationen über die Dinge geben, die er den Leuten an diesem Morgen erzählt hatte, damit er die Wirkung der Lügen beseitigen könne, die er ihnen gegenüber immer wieder wiederholt hatte. Denn, sagte ich, es seien niederträchtige Lügen gewesen und ich sei der lebende Zeuge dafür.

Er sagte, er glaube nicht, dass es sich um Lügen handele und er solle den Leuten nichts anderes erzählen, als er gesagt habe. Er sei der Meinung, er habe nur seine Pflicht getan und wenn man die Leute zu seiner Zeit vor Mohammed gewarnt hätte, hätte er nicht so viele Jünger gewonnen.

Ich legte ihm feierlich Zeugnis in Bezug auf den Propheten Josef und die Wahrheit seines Werkes ab und sagte, dass ich vor dem Richterstuhl Gottes als Zeuge gegen ihn auftreten würde, weil er den Leuten Lügen erzählt und sich geweigert hatte, ihnen die Wahrheit zu sagen, als sie ihm gezeigt wurde.

Es wurde noch viel mehr gesagt, denn unser Gespräch dauerte etwa eine halbe Stunde, und während wir uns unterhielten, drängten sich viele Gemeindemitglieder um uns, von denen einige Englisch verstanden.

Dies war das erste Mal, dass ich ein derartiges Ereignis erlebte, bei dem ich persönlich eine herausragende Rolle spielte, und es hatte in meinen Augen eine Bedeutung, die es heute kaum hätte. Einer derjenigen, die dieses Gespräch hörten und verstanden, war ein Schwager von Napela , ein Halbweißer und Bezirksrichter und ein führender Mann auf dieser Insel. Er berichtete über das Gespräch, was für mich sehr günstig war, und insgesamt denke ich, dass die Predigt des Missionars etwas Gutes bewirkte . Er hatte Böses im Sinn, aber der Herr setzte sie außer Kraft, wie er es mit allen Plänen und Taten der Bösen tut, um seine Ziele zu erreichen.

Der Herr schenkte mir die Gunst der Eingeborenen und ich hatte ihr Mitgefühl, obwohl sie es aus Angst vor den Konsequenzen nicht zuzugeben wagten.

Ein weiterer Grund für die nicht so gute Wirkung der Predigt waren die Anspielungen des Predigers auf Napela . Er hatte ihn beim Namen genannt, als den Mann, bei dessen Haus ich übernachtet hatte, und ihn angeprangert. Das war natürlich für Napelas Verwandte und Freunde, von denen viele anwesend waren, geschmacklos. Dieser Mann, der auf diese Weise gegen das Werk Gottes kämpfte, hatte also weder damals noch später den erwarteten Erfolg .

Der Herr hat in einer der Offenbarungen an seine Diener gesagt:

„Wahrlich, so spricht der Herr zu euch: Keine Waffe, die gegen euch geschmiedet wird, wird Erfolg haben; und wenn jemand seine

Stimme gegen euch erhebt, wird er zu meiner eigenen bestimmten Zeit beschämt werden."

Ich bin davon überzeugt, dass jedes Wort davon wahr ist.

Napela war von den Worten des Missionars nicht erschreckt. Man drohte ihm mit der Entlassung aus seinem Richteramt und mit dem Ausschluss aus der Kirche. Doch er zeigte keinerlei Neigung, mich aus seinem Haus zu vertreiben.

Der Druck wurde jedoch durch die fortgesetzten Bemühungen des Predigers schließlich so stark, dass ich es für klüger hielt, mich für eine Weile von Wailuku zurückzuziehen . Ich hatte Mitleid mit Napela , denn er hatte mit starker Opposition zu kämpfen, und ich dachte, wenn ich woanders hinginge, wäre die Verfolgung nicht so schlimm.

Es gab einen Ort namens *Kula* (was so viel bedeutet wie „Land am Fuße eines Berges"), wo es einige verstreute Dörfer gab, etwa achtzehn Meilen von Wailuku entfernt, und zu dem ich mich begab. Es war ein ziemlich abgelegener Ort, obwohl kurz vor meiner Reise dort ein reger Handel mit Kartoffeln betrieben worden war, die in dieser Gegend wild wuchsen; die Leute transportierten sie auf Karren von dort zu einem kleinen Hafen in der Nähe. Diese Kartoffeln wurden in Schonern nach Kalifornien gebracht, um die Goldgräber zu versorgen. Aber sie waren von schlechter Qualität, und als die Bauern Kaliforniens anfingen, sie anzubauen, kam der Handel zum Erliegen. Als ich dorthin kam, hatte das Geschäft bereits zu bröckeln begonnen.

Ich hielt im Haus eines Mannes namens Pake , der für Napelas Angelegenheiten in Kula zuständig war und dem er mir einen Empfehlungsbrief gegeben hatte, als er erfuhr, dass ich entschlossen war, dorthin zu gehen. Er empfing mich sehr freundlich, ebenso ein Mann namens Maiola , den ich in Wailuku kennengelernt hatte. Er war Diakon der Presbyterianischen Kirche .

Kapitel 9

Ein weiterer Angriff eines Missionars – Mut bei der Verteidigung der immer bewunderten Wahrheit – Die Armut der Menschen

Kula, der Bezirk, in dem ich lebte, wurde etwa alle drei Monate von dem presbyterianischen Missionar besucht, der für ihn zuständig war. Am Sonntag nach meiner Ankunft war sein vierteljährlicher Besuch angesagt, und ich ging in das Dorf, wo er seine Versammlung abhalten sollte. Sein Name war Green, und wir hatten uns vor ein paar Wochen kennengelernt und ein Gespräch geführt, bei dem er sehr wütend wurde und sagte, er würde mich verfluchen.

Bei diesem Treffen waren viele Einheimische anwesend und er verwendete als Text den 8. Vers aus dem ersten Kapitel des Briefes des Paulus an die Galater:

> „Aber auch wenn wir oder ein Engel vom Himmel euch ein anderes Evangelium predigen würden als das, was wir euch gepredigt haben, der sei verflucht."

Seine gesamte Predigt und auch sein vorheriges Gebet waren gegen uns gerichtet und sollten die Eingeborenen vor uns warnen. Doch die Predigt war der dürftigste und kindischste Versuch, den ich je gehört habe, zu zeigen, was das Evangelium Christi sei.

Nachdem er fertig war, stand ich auf und sagte den Leuten, es sei am besten, das Evangelium gründlich zu untersuchen und herauszufinden, was seine Natur und seine Anforderungen seien. Außerdem solle jeder herausfinden, ob er es besitze oder nicht. Dann begann ich, ihnen zu zeigen, was das Evangelium sei.

Bis zu diesem Zeitpunkt war Mr. Green, wie es schien, erstaunt über meine Kühnheit. Dass jemand in einer Versammlung aufstand und das Gesagte in Frage stellte oder versuchte, etwas anderes zu lehren, war neu in seiner Erfahrung, und er schien so erstaunt, dass er nicht sprechen konnte. Aber als er sah, dass ich die Aufmerksamkeit der Leute hatte und sie mir zuhörten, erhob er sich und begann einen Katechismus, den er *Aio nannte. ka la* oder „Essen des Tages" und begann, den Leuten Fragen zu stellen. Er war entschlossen, mich zu unterbrechen und die Leute von dem abzulenken, was ich sagte. Einige seiner Diakone halfen ihm; sie beantworteten seine Fragen mit lauter Stimme, und es machte sich Verwirrung breit.

Ich sah, dass dann nichts Gutes mehr getan werden konnte, also teilte ich der Gemeinde mit, dass ich beabsichtige, Versammlungen abzuhalten und

Gelegenheit haben würde, ihnen die Grundsätze des Evangeliums ausführlicher zu erklären, und hörte damit auf.

Er warnte die Leute davor, mich zu bewirten oder zu grüßen. Andernfalls würden sie an meinen bösen Taten teilhaben.

Darauf gab ich eine entsprechende Antwort und zog mich zurück.

Von diesem Zeitpunkt an begann ich, in stärkerem Maße öffentlich unter den Menschen zu wirken. Ich sprach in ihren Versammlungshäusern, wenn sich die Gelegenheit dazu bot, und tat alles in meiner Macht Stehende, um ihnen unsere Grundsätze näherzubringen.

Meine Rede vor Mr. Green hatte eine gute Wirkung. Die Leute sahen, dass ich die Lehren der Bibel predigte und dass ich keine Angst hatte, den Predigern zu begegnen. Die moralische Wirkung dieser Kühnheit auf einfache Leute wie sie empfand ich als ausgezeichnet.

Und hier möchte ich sagen, dass Mut beim Eintreten und Verteidigen der Wahrheit, wenn er mit Weisheit gepaart ist, eine Eigenschaft ist, die die Menschen immer bewundern. Die Furcht vor Menschen und die Furcht davor, den Teil der Wahrheit zu verkünden, den er verkünden soll, sind Gefühle, denen sich kein Ältester jemals hingeben sollte. Der Mensch, der sich von dieser Furcht überwältigen lässt, wird nie erfolgreich sein. Die Furcht vor Gott und die Furcht davor, Unrecht zu tun, ist die einzige Furcht, die ein Heiliger der Letzten Tage jemals empfinden sollte.

Meine Ausbildung in den ersten beiden Jahren unserer Ansiedlung im Salt Lake Valley, als wir knapp bei Kasse waren, war mir in den Tagen, über die ich schreibe, von großem Nutzen. Hätte ich damals die karge Ernährung, die wir im Tal hatten, gehabt, hätte ich gedacht, dass das Leben reich wäre.

Die Leute waren sehr arm, und ich wollte ihnen nicht im Geringsten zur Last fallen. Ich vermied es daher, irgendetwas zu essen, von dem ich dachte, dass es ihnen schmeckte oder das sie nur gelegentlich aßen. Ich habe Ihnen erzählt, dass Kartoffeln dort wild wuchsen; aber das Land war zu warm für sie; das und der Mangel an Anbau machten sie sehr arm. Die Kartoffeln waren, wenn sie gut waren, kein Gemüse, das ich besonders mochte. Aber dort konnte ich nichts anderes bekommen, außer Heidelbeeren, die wild wuchsen und die ich häufig pflückte und aß, bis sie mich eines Tages krank machten und ich sie danach nicht mehr essen konnte .

Die Kartoffeln hätten mir vielleicht besser geschmeckt, wenn ich Salz dazu gehabt hätte, aber dieser Artikel war gerade ausverkauft. Das einzige, was man außer den Kartoffeln essen konnte, war Melasse. Seitdem mag ich es nie mehr, Kartoffeln und Melasse zusammen zu essen.

Ich erinnere mich noch gut daran, wie ich zu dieser Zeit einmal eine Mahlzeit aus „Poi" genoss. Das „ Kalo ", aus dem es gemacht wurde, war in einiger Entfernung von dort gekocht und zerstampft worden (in dem Teil des Kula, wo ich mich befand, wuchs damals noch kein „ Kalo ") und in die Blätter eines Strauchs namens *Ki gepackt worden* ; so gepackt hieß es *Pai. Kalo* . Es war warm, als es verpackt wurde, und durch die Hitze des Wetters war es sauer und wurmig geworden. Aber die Leute hatten es noch einmal gekocht und daraus „Poi" gemacht.

Meine Kartoffel- und Melassediät hatte mir jeglichen Appetit genommen, und ich fand, dass dieser „Poi" das süßeste Essen war, das ich je gegessen hatte. Manche Leute essen Madenkäse, weil sie ihn mögen; ich aß diesen „Poi", weil es das beste und schmackhafteste Essen war, das ich seit Wochen gegessen hatte.

Aber was mir an Nahrung fehlte, machte der Herr durch das gute Maß seines Geistes wett, das er mir schenkte. Was ich zu essen hatte, war mir gleichgültig. Ich war glücklich und freute mich wie nie zuvor. Ich hatte Träume, Visionen und Offenbarungen und die Gemeinschaft des Geistes war überaus süß und köstlich.

Ich habe damals eine Lektion gelernt, die ich hoffentlich nie vergessen werde: dass es ein Glück gibt, das die Diener und Heiligen Gottes erfahren können, das nicht von dieser Welt ist und dessen Existenz nicht im Geringsten vom Besitz von Nahrung, Kleidung oder sonstigen irdischen Dingen abhängt.

Kapitel 10

Erfolgreiche Versammlungen – Unsere Grundsätze finden großen Anklang – Elder Keeler und ich fahren nach Keanae und haben bemerkenswerten Erfolg bei der Mitgliedergewinnung für die Kirche

Ein neues Eingeborenenhaus wurde von Herrn Napelas Männern fertiggestellt und mir als Versammlungshaus angeboten. Am Sonntag versammelten sich die Nachbarn und wir hielten zwei Versammlungen ab, eine am Vormittag und eine am Nachmittag. Bei diesen Versammlungen sprach ich mit der Autorität, sie zu lehren, über die Grundsätze des Evangeliums und ihre Wiederherstellung für den Menschen auf der Erde. Mein Zeugnis und meine Worte wurden von den Menschen positiv aufgenommen und sie wünschten, dass ich weiterhin Versammlungen abhalten sollte.

Es war eine arbeitsreiche Zeit, und ich konnte während der Woche nur eine Versammlung abhalten. Aber am nächsten Sonntag hatte ich eine ganz tolle Zeit. Fünf wurden getauft und konfirmiert, und der Geist wurde kraftvoll auf alle Anwesenden ausgegossen; viele wurden zur Reue angeregt, ihre Herzen waren berührt und die Tränen liefen über ihre Wangen. Bruder James Keeler, der in Lahaina Halt gemacht hatte, war an diesem Tag bei mir, da er am Vortag dort angekommen war. Unsere Freude war sehr groß, und ich hielt es für einen der schönsten Tage meines Lebens.

Wir hielten während der Woche Versammlungen ab und am Sonntag taufte und konfirmierte ich sechs Personen.

Ich arbeitete in großer Schwäche als Pfarrer, doch begann ich eine Freude zu verspüren, die ich nie zuvor gekannt hatte, und mein Herz war erfüllt von Lob und Dankbarkeit gegenüber dem Herrn, weil er mich für würdig erachtete, das Priesteramt zu empfangen und auf Mission zu gehen.

Neunzehn Personen hatten sich der Kirche in Kula angeschlossen, und ich fühlte mich vom Heiligen Geist inspiriert, woanders hinzugehen und andere Orte zu eröffnen, an denen ich den Menschen das Wort predigen konnte.

Die Neuigkeiten von dem, was in Kula geschah – die neue Religion, wie sie genannt wurde – die neue Methode der Taufe – denn bis zu diesem Zeitpunkt waren die Menschen besprengt worden – und die für sie so fremde Lehre, dass Gott erneut zu den Menschen gesprochen und seine heiligen Engel gesandt hatte, um ihnen zu dienen, machten die Runde, und viele Menschen waren sehr neugierig, davon zu hören.

Obwohl man den Eingeborenen der Sandwichinseln das Lesen beigebracht und ihnen die Bibel in die Hand gedrückt hatte und sie dazu erzogen hatte, die sektiererischen Missionare als ihre geistigen Lehrer anzusehen, befriedigte sie die Religion dieser Missionare im Allgemeinen nicht. Der Gott, den die Missionare anbeteten, hatte nicht die Macht, die sie von den Göttern ihrer Väter erwartet hatten. Die Missionare lehrten sie, dass Gott sich den Menschen nicht mehr offenbarte, dass Prophezeiungen, Wunder und die in der Bibel erwähnten Gaben aufgehört hatten.

Aber wir lehrten das genaue Gegenteil von all dem. Wir sagten ihnen, Gott habe sich nicht geändert. Er sei heute derselbe wie damals, als die Bibel geschrieben wurde. Seine Gaben und Segnungen galten den Menschen heute genauso wie vor 1800 Jahren. Der Mensch hatte seinen Glauben verloren und gehorchte Gottes Gesetzen nicht. Deshalb hatte er die Gunst des Himmels verloren und die Gaben und Segnungen blieben ihm vorenthalten.

Wir ließen uns bei unseren Lehren von der Bibel leiten und unsere Lehren wiesen eine Übereinstimmung auf, die den Ehrlichen gefiel.

Die meisten Eingeborenen der Inseln gingen davon aus, dass die Bibel das meinte, was sie sagte; sie hatten nicht gelernt, dass sie etwas anderes meinte, wenn sie etwas anderes sagte. Doch nach unserer Ankunft versuchten die sektiererischen Missionare mit aller Kraft, ihnen beizubringen, dass das Wort Gottes eine verborgene Bedeutung hatte und dass es nicht wie jede andere Sprache war – eine Aufgabe, die sie jedoch bei einem einfachen Volk wie den Eingeborenen als sehr schwierig empfanden.

Die Missionare hatten großen Einfluss auf die Häuptlinge und die Regierung. Ihre Religion war tatsächlich Staatsreligion, obwohl dies nicht gesetzlich so erklärt wurde. Es war beliebt, Mitglied ihrer Kirche zu sein, während es unpopulär war, nicht mit ihr verbunden zu sein.

Es schien eine gewaltige und hoffnungslose Aufgabe zu sein, das Evangelium einem Volk und einer Regierung zu predigen, über die sektiererische Priester eine so umfassende Kontrolle hatten. Aber wir wussten, dass Gott jede Barriere niederreißen und jedes Hindernis beseitigen konnte. Wir vertrauten auf ihn und wurden nicht enttäuscht.

Wie gesagt, bereitete ich mich darauf vor, an einen anderen Ort zu gehen, um dort zu arbeiten und die Kenntnis des Evangeliums zu verbreiten. Ich hatte vereinbart, an einem bestimmten Tag aufzubrechen, wurde aber aufgehalten. Meine Verzögerung war ein Geschenk des Schicksals, denn an diesem Tag traf Bruder James Keeler in Begleitung eines Einheimischen namens Namakaiona ein . Nachdem Bruder Keeler Kula verlassen hatte, war er um die Insel herumgereist, bis er einen Ort namens Keanae erreichte , wo er anhielt. Er hatte den Menschen dort aus der Heiligen Schrift vorgelesen und bei ihnen großes Interesse geweckt; viele wollten unbedingt Predigten hören und sich taufen lassen. Er wollte, dass ich dorthin käme; sie hatten ihm ein Pferd zur Verfügung gestellt, damit er mir folgen und mich mitnehmen konnte.

Die Straße, auf der wir einen Teil der Strecke zurücklegten, um Keanae zu erreichen , führte durch eine äußerst romantische Landschaft. Die Vegetation war von üppigster Art, die Bäume waren von einer Art, die mir neu war, und sehr prächtig. Von einer solchen Fülle an Vegetation hatte ich gelesen, sie aber noch nie zuvor gesehen; und man sieht sie in keinem anderen Land außerhalb der Tropen. Die Sträucher und Farne waren in großer Vielfalt vorhanden und wuchsen in nahezu endloser Fülle. Viele der Bäume waren von der Wurzel aufwärts mit einer Masse lebendigen Grüns bedeckt, bedeckt mit einer Vielzahl von Ranken und Schlingpflanzen verschiedener Art.

Die Straße war für Kutschen oder Wagen unpassierbar; tatsächlich mussten die Reiter an vielen Stellen absteigen und ihre Pferde die Hügel hinauf und hinunter führen, so steil waren sie. Was auch immer die Menschen, die in den Dörfern auf dieser Seite der Insel lebten, brauchten, trugen sie entweder auf dem Rücken hinein oder transportierten es in Booten. Für mich war die Reise sehr romantisch, und ich genoss sie, umso mehr, als ich jetzt die Sprache verstand und viele interessante Dinge über das Land, ihre Geschichte und Traditionen von den Einheimischen erfahren konnte, mit denen wir reisten und die wir trafen.

Unsere Ankunft in Keanae sorgte für große Aufregung. Die Leute hatten nach uns Ausschau gehalten und sich versammelt, um uns zu begrüßen, als sie uns schon von Weitem kommen sahen. Wären wir Prinzen gewesen, hätten sie uns nicht mit größerer Rücksicht und Ehrerbietung behandeln können. Am Nachmittag unserer Ankunft bezogen wir das kalvinistische Versammlungshaus, und es war sehr gut besucht, um der Predigt zuzuhören.

Das war am Mittwoch, und von da an bis Montag sprachen wir ununterbrochen mit den Leuten, tauften, konfirmierten und berieten sie. Während dieser Zeit wurden über einhundertdreißig Menschen getauft. Der Geist des Herrn wurde mit Macht ausgegossen, und alle freuten sich; ich hatte noch nie in meinem Leben so viel Spaß.

Als ich am Dienstagmorgen nach Kula zurückkehrte, war ich angesichts der vielen Arbeit, die ich geleistet hatte, sehr müde. Mein Ziel bei der

Rückkehr war es, die getauften Heiligen in einem Zweig zu organisieren, damit ich wieder nach Keanae zurückkehren konnte .

Bei der Organisation der Zweigstelle in Kula ordinierte ich zwei Lehrer namens Kaleohano und Maiola sowie drei Diakone, Pake , Kahiki und Mahoe .

Nach zweiwöchiger Abwesenheit kehrte ich nach Keanae zurück , und wir gründeten dort vier Zweige der Kirche. Wir ordinierten nur Lehrer und Diakone zu Amtsträgern, da wir der Meinung waren, es sei besser, sie in den Pflichten dieser Berufungen Erfahrung sammeln zu lassen, bevor wir sie zum Melchisedekischen Priestertum ordinierten.

Kapitel 11

Ankunft neuer Ältester – Der Widersacher ist unter unseren neubekehrten Freunden geschäftig – Eine Angelszene

Während wir in Keanae waren, freuten wir uns über die Nachricht von der Ankunft von Missionaren aus Utah. Nach der Konferenz machten sich Bruder Keeler und ich auf den Weg nach Lahaina, um sie zu treffen. Es waren die Ältesten Philip B. Lewis, Francis A. Hammond und John S. Woodbury. Die beiden ersteren hatten ihre Frauen dabei. Der letztere hatte seine Frau aus Geldmangel in Kalifornien zurückgelassen und sie kam kurz darauf. Bruder Lewis war von Elder Parley P. Pratt zum Vorsteher der Inseln ernannt worden.

Ich hatte mich so sehr daran gewöhnt, die Sprache der Sandwichinseln zu sprechen, dass es mir schwerfiel, in meiner Muttersprache zu sprechen. Ich erinnere mich noch gut daran, wie schwierig es für mich war, auf Englisch zu beten, als ich am Abend nach meiner Ankunft in Lahaina im Kreis meiner Familie dazu aufgefordert wurde.

Ich war so erpicht darauf, die Sprache zu lernen, dass ich kein Buch auf Englisch las, außer dem Buch Mormon und dem Buch Lehre und Bündnisse, und ich hatte mir sogar angewöhnt, in dieser Sprache zu denken. Ich tat dies, damit ich mit ihr ganz vertraut werden konnte, denn ich wollte den Menschen das Evangelium in aller Deutlichkeit predigen.

Natürlich war es für mich eine Anstrengung, mich so zu üben, aber ich wurde dafür durch die Gewandtheit entlohnt, mit der ich die Sprache benutzte. Ich konnte sie leichter und korrekter sprechen und schreiben als meine Muttersprache.

Der Gegner war in Keanae nicht untätig. Wir waren sehr erfolgreich darin, die Menschen zu taufen. Der Geist war ausgegossen worden und viel Gutes wurde erreicht; aber kaum waren wir nach Lahaina gefahren, um die neu angekommenen Ältesten zu treffen, als der Feind seine Operationen begann.

Nachdem ich ein paar Tage in Lahaina verbracht hatte, kehrte ich nach Kula zurück und blieb dort kurze Zeit. Ich fühlte mich gedrängt, von dort nach Keanae zu gehen. Einige der einheimischen Brüder wünschten, dass ich bis zum Ende der Woche bliebe, und sie würden mich begleiten; aber ich konnte nicht bleiben, ich fühlte, dass ich aus irgendeinem Grund in Keanae gebraucht wurde.

Mein Eindruck war richtig. Die Menschen von Keanae waren in großer Not. Sie wurden von allen Seiten von Feinden angegriffen, und diejenigen, die schwach im Glauben waren, waren ratlos. Einige hatten sich abgewandt, da sie dem Druck nicht standhalten konnten. Der presbyterianische Missionar dieses Bezirks war dort gewesen und hatte alles in seiner Macht Stehende getan, um unseren Ruf anzuschwärzen, unsere Lehren zu verspotten und die Menschen zu überreden, der Kirche den Rücken zu kehren. Zwei Franzosen, katholische Priester, waren ebenfalls dort gewesen, und sie hatten alles in ihrer Macht Stehende getan, um die Menschen von der Wahrheit abzuschrecken. Ein anderer presbyterianischer Missionar hatte einen seiner einheimischen Prediger aus demselben Grund dorthin geschickt.

Es schien, als hätte der Teufel alle seine Mittel eingesetzt, um das Werk Gottes zu zerstören, und sie erzählten alle möglichen Lügen gegen uns. Der französische Priester hatte gesagt, wir müssten aus dem Ort und von der Insel vertrieben werden, und hatte viele falsche Berichte über uns in Umlauf gebracht. Der presbyterianische Missionar hatte die Häuser der Menschen besucht und all seinen Einfluss auf sie ausgeübt.

Bruder Keeler war einen Teil der Zeit dort gewesen, aber seine Sprachkenntnisse bereiteten ihm große Sorgen, da er sie damals noch nicht ausreichend beherrschte, um diesen Lügen entgegentreten oder umfassende Erklärungen dazu abgeben zu können.

Ich erfuhr, dass viele der Heiligen Zweifel hatten und zum Herrn gebetet hatten, dass ich zurückkehren möge. Das war der Grund für meine Angst, zurückzukehren. Der Herr erhört die Gebete derer, die im Glauben zu ihm beten, und meines Wissens sind Hunderte solcher Fälle vorgekommen.

Es kommt häufig vor, dass, wenn Älteste erfolgreich Menschen getauft haben, der Teufel mit noch größerer Macht und List versucht, sie zu vernichten. Es gibt nur wenige, die der Kirche beigetreten sind und Versuchungen dieser Art entgangen sind; und niemand kennt die Macht des Teufels so gut wie diejenigen, die die Wahrheit angenommen haben. Es scheint, dass diejenigen, die das Evangelium und die Macht Gottes nicht kennen, nie die entgegengesetzte Macht erfahren, wie diejenigen, die vom Herrn gesegnet wurden. Dennoch sollten sie den Versuchungen Satans nicht nachgeben und sich nicht in seine Fallen verwickeln lassen.

Keanae getauft worden waren, hatten nur wenig über die beiden Einflüsse gewusst, von denen wir sprechen. Doch kaum waren sie der Kirche beigetreten, wurden sie auf eine Weise angegriffen und versucht, wie sie es noch nie zuvor erlebt hatten. Infolgedessen fielen einige von der Wahrheit ab, doch andere wurden im Glauben stärker, solange ich auf der Insel blieb.

Wir hatten viele wunderbare Zeiten in Keanae . Während ich dort war, zu der Zeit, von der ich schreibe, ging ich mit den Eingeborenen, Männern und Frauen, zu einem etwa drei Kilometer entfernten Bach, wo es sehr viele Fische gab. Die Fischer sammelten eine Menge Pflanzen, ein Gebüsch, das sie *Auhuhu nennen* , und stapelten daraus zwei Haufen im Bachbett. Die Männer und Frauen umringten diese Haufen, und jeder von ihnen hatte einen etwa fünf oder sechs Fuß langen Stock. Auf ein Zeichen von einem aus der Gruppe begannen sie, das Gestrüpp zu schlagen. Sie waren sehr geschickt im Gebrauch dieser Dreschflegel, drehten die Haufen immer wieder um und schlugen kräftig darauf, ohne sich gegenseitig zu treffen. Das Schlagen auf das Gebüsch hatte zur Folge, dass das Wasser ringsum trübte und die Fische starben, die bald in großen Mengen an der Oberfläche schwammen.

So gefangene Fische sind ein ausgezeichnetes Speisefisch. Dieses Gebüsch ist zwar für die Fische tödlich, aber für den Menschen ungefährlich. Es war einer der lebhaftesten Anblicke, die ich je gesehen hatte, und sehr malerisch. Die Frauen waren mit Girlanden aus grünen Blättern geschmückt und hatten Blumen in ihren Haaren und um ihre Körper gewunden. Viele der Männer waren bis zur Hüfte nackt und hatten ebenfalls Blumengirlanden um sich geschlungen. Das Schwimmen und Tauchen einiger Frauen überraschte mich; sie schienen fast amphibisch zu sein.

Kapitel 12

Interview mit den Würdenträgern des Königreichs – Rückkehr zu Napelas Haus in Wailuku – Hunderte von Menschen werden getauft – Älteste werden in der ganzen Gruppe berühmt – Eine bemerkenswerte Besonderheit

Die Missionare (von denen im letzten Kapitel die Rede war) waren nicht zufrieden damit, religiöse Einflüsse gegen uns auszuüben, sondern stachelten die Eigentümer des Landes und den verantwortlichen Beamten dazu auf, die Versammlungen zu unterbinden und den Menschen mit Strafe zu drohen, falls sie weiterhin daran festhielten. Dieser Beamte versammelte die Menschen, rief sie einzeln auf und versuchte, ihnen das Versprechen abzunehmen, dass sie nie wieder an einer unserer Versammlungen teilnehmen würden. Um sein Vorhaben zu verwirklichen, setzte er sowohl Überredungskunst als auch Drohungen ein; er sagte, wenn sie sich noch einmal treffen würden, würde er sie fesseln und entweder in die Hauptstadt der Insel – Lahaina – oder zum Regierungssitz – Honolulu – bringen lassen.

Aufgrund dieser Unterbrechungen und Verfolgungen, von denen mir Elder Keeler in Kula, wo ich mich zu diesem Zeitpunkt aufhielt, berichtete, hielt man es für das Beste, wenn ich nach Honolulu ging und, wenn möglich, den König oder einige Regierungsbeamte aufsuchte.

Elder Philip B. Lewis, der damals in Honolulu lebte und Präsident der Mission war, und ich trafen mehrere Minister des Königs. Der amerikanische Kommissar unterstützte unsere Sache sehr leidenschaftlich und verlangte von der Regierung alle Rechte für uns, die jedem Prediger zugestanden wurden. Den König sahen wir nicht, da sein Gesundheitszustand sehr schlecht war; aber später, in Lahaina, hatte ich ein Gespräch mit den beiden Prinzen, die inzwischen Könige waren, und von ihnen erhielt ich Zusicherungen des Schutzes. Der Besuch war insgesamt zufriedenstellend und endete gut.

Ich habe festgestellt, dass Älteste nie etwas verlieren, wenn sie für ihre Rechte eintreten. Menschen respektieren andere, die die ihnen zustehenden Privilegien mit Elan einfordern. Und kein Ältester sollte jemals vergessen, dass er der Botschafter des Königs des Himmels ist und dass er seiner Berufung treu bleiben sollte. Wenn er standhaft und respektvoll ist, wird er respektiert.

Keanae ein schönes Versammlungshaus zu errichten und in der ganzen Gegend gewissenhaft zu den Menschen zu predigen.

Ich habe Ihnen in einem früheren Kapitel erzählt, wie ich von dem Missionar in Wailuku, dem Ort, wo Napela lebte, behandelt worden war. Seine Verfolgung war so heftig gewesen, dass ich es für ratsam hielt, mich für eine Weile von diesem Ort zurückzuziehen ; aber jetzt war für mich die Zeit gekommen, zurückzukehren; ich fühlte mich dazu gedrängt und kam eines Abends in Begleitung von Elder Francis A. Hammond dort an. Wir wussten nicht, wo wir ein Quartier für die Nacht finden sollten; denn der Missionar, der dort lebte, hatte alle ihm zur Verfügung stehenden Mittel eingesetzt, um die Leute davon abzuhalten, uns zu bewirten. Sogar Napela , der mir zuvor ein Zuhause gewährt hatte, wurde wegen seiner Freundlichkeit mir gegenüber schwer verurteilt. Ich hatte ein mulmiges Gefühl dabei, wieder zu ihm nach Hause zu gehen, da ich dachte, er würde angesichts des Widerstands, der mit Sicherheit folgen würde, wahrscheinlich zögern, uns zu bewirten.

Als wir den Rand der in den Bergen gelegenen Stadt erreichten, ging einer von uns hin und betete zum Herrn, er möge uns den Weg ebnen und uns zu Freunden machen, während der andere aufpasste, dass er nicht unterbrochen wurde. Wir fühlten uns veranlasst, zu Napelas Haus zu gehen, und dachten, wenn er uns freundlich empfinge, würden wir bei ihm bleiben, wenn er uns aber kalt und distanziert wirkte, würden wir woanders hingehen. Wir trafen ihn im Gespräch mit vier oder fünf intelligenten Einheimischen; die meisten von ihnen waren seine Klassenkameraden auf der Highschool gewesen. Einer von ihnen, Kamakau , was übersetzt „ *Angelhaken" bedeutet* , war Prediger, ein sehr gebildeter Mann, und es hieß, er sei der beste einheimische Redner in ihrer Kirche. Sie befragten Napela über unsere Grundsätze, stritten mit ihm darüber und er verteidigte sie nach besten Kräften.

Unsere Ankunft schien sehr gelegen zu kommen; er freute sich, uns zu sehen, hieß uns herzlich willkommen und übertrug das Gespräch bald auf uns. Zu dieser Zeit waren Bruder Hammonds Sprachkenntnisse noch sehr begrenzt, sodass ich der Hauptsprecher war. Wir saßen auf, bis morgens die Hähne krähten, und unterhielten uns über unsere Grundsätze und biblische Argumente. Eine Zeit lang waren sie geneigt, unsere Ansichten zu bekämpfen, aber schließlich verstummten sie und saßen da, hörten mir zu und stellten gelegentlich Fragen.

Dies war der Beginn eines großen Werkes in dieser Gegend. Die Predigt des Evangeliums löste große Aufregung aus; die Menschen strömten zu Hunderten herbei, um das Zeugnis zu hören, und ich hatte die Genugtuung, den Missionar, der mich so schlecht behandelt und das Werk so erbittert bekämpft und darüber gelogen hatte, fast von seiner Gemeinde verlassen zu sehen; sie hatten seine Kirche verlassen, um uns predigen und taufen zu hören.

Ich gestehe, dass es mir Freude bereitete, ihn so behandelt zu sehen. Ich wollte nicht, dass er körperlich verletzt würde, aber ich hatte gehofft und gebetet, dass der Tag kommen würde, an dem er erleben würde, wie seine Anhänger seine Kirche verlassen, die Wahrheit annehmen und ihn sich selbst überlassen.

Wir tauften eine große Zahl Menschen in Wailuku und den angrenzenden Städten, errichteten dort ein großes Versammlungshaus und kleinere in den anderen Dörfern und gründeten große und blühende Zweigstellen der Kirche.

Als Elder Hammond und seine Frau auf die Insel kamen, hatten sie ein Kind. Bevor sie zurückkehrten, wurden ihnen auf der Mission mehrere Kinder geboren. Nachdem wir erfolgreich Zweigstellen in Wailuku, Waiehu und anderen Orten in der Umgebung gegründet hatten , brachte Elder Hammond seine Familie von Lahaina, wo sie gelebt hatten, nach Waiehu . Dort lebten sie einige Zeit. Später wurde durch seine Arbeit eine Zweigstelle in Lahaina gegründet, und sie zogen dorthin. Alle Ältesten, die auf diesem Gebiet arbeiteten, haben Grund, sich an ihre Freundlichkeit ihnen gegenüber zu erinnern. Unter ihrem Dach wurden wir immer herzlich willkommen geheißen, und es war ein Zuhause – ein Zuhause, das Männer zu schätzen wussten, die ständig die Landessprache sprachen, in den Häusern der Einheimischen lebten und sich zumindest bis zu einem gewissen Grad an deren Essgewohnheiten anpassen mussten. Die unerschütterliche Freundlichkeit von Schwester Hammond, ihre Geduld und Fröhlichkeit inmitten der Entbehrungen und ihr unermüdlicher Einsatz für uns, beim Nähen und bei anderen Arbeiten, die wir unter solchen Menschen erledigen mussten, sowie ihre ständigen Bemühungen um unser Wohl werden von denen, die ihre Gastfreundschaft genossen, niemals vergessen werden.

Der Kontrast zwischen meiner damaligen Position und der, die ich früher in Wailuku hatte, war für mich ein ständiger Grund, dem Herrn zu danken. Er hatte mir offenbart, dass es meine Pflicht war, auf den Inseln zu bleiben, die Sprache zu erlernen und den Menschen von seinem großen Werk Zeugnis abzulegen. Er hatte mir viele damit verbundene Versprechen gegeben. Und jetzt begann ich zu spüren, wie wahr seine Worte gewesen waren. Viele, viele Male, wenn ich in den Versammlungen saß und die Menschen in der Demonstration des Geistes des Herrn sprechen hörte, erfüllt von seiner Kraft und seinem heiligen Einfluss, und Zeugnis ablegten für die Wahrheit des Evangeliums, für seine Wiederherstellung und für die Gaben, die ihm verliehen worden waren, war meine Freude so groß, dass ich mich kaum beherrschen konnte. Ich fühlte, dass ich, wie hingebungsvoll ich auch arbeitete, dem Herrn gegenüber nicht die Dankbarkeit zeigen konnte, die ich empfand, weil es mir gestattet war, das

Priestertum zu empfangen und es für die Erlösung der Menschenkinder auszuüben. Sicherlich waren nie Menschen glücklicher als wir, die damals unter diesem Volk im Dienst arbeiteten; wir waren voller Freude und es schien, als ob es keinen Raum für mehr gäbe.

Auch die Menschen wurden trotz all ihrer Fehler und Schwächen reich gesegnet. Die Kraft Gottes ruhte mächtig auf ihnen, und oft glänzten ihre Gesichter und erschienen unter dem Einfluss des Geistes fast weiß. Sie wussten, dass Jesus der Sohn Gottes und der Erlöser der Welt war und dass Joseph Smith und Brigham Young Propheten und Diener Gottes waren. Dieses Wissen hatten sie durch Gehorsam gegenüber den Geboten erlangt.

Die Nachricht von den Geschehnissen verbreitete sich auf allen Inseln. Die Eingeborenen reisten häufig von einer Insel zur anderen. Sie sind ein gesprächiges, klatschsüchtiges Volk und erzählen außerordentlich gern Neuigkeiten, die nach ihrer ersten Erzählung nie an Bedeutung verlieren. Später reiste ich überall auf der Insel umher und stellte fest, dass mich alle Leute mit Namen kannten. Das war mir oft peinlich, weil ich das Gefühl hatte , die Erwartungen, die hinsichtlich meiner Sprachkenntnisse usw. usw. geweckt wurden, nicht erfüllen zu können.

Der König und seine Adligen hörten alle von uns und von dem, was wir taten, und obwohl wir oft falsch dargestellt wurden, konnten wir den Hawaiianern nicht viel davon vorwerfen. Wenn man sie sich selbst überließe, hatten sie nur wenig von dem Geist der Verleumdung und Verfolgung, der bei der weißen Rasse so üblich ist. Sie waren von Natur aus freundlich und gastfreundlich. Hätte es unter ihnen keine Priesterlist gegeben, die sie irreführte und ihre Gedanken gegen die Wahrheit vergiftete und sie mit weltlichen Vorteilen und Popularität verführte, hätte die gesamte Nation, davon bin ich überzeugt, leicht dazu gebracht werden können, die Grundsätze des Evangeliums anzunehmen und daran zu glauben. Aber es wurde alles getan, um sie dazu zu bringen, uns zu meiden, um ihnen Misstrauen einzuflößen und uns unbeliebt zu machen. Diese Einflüsse mit jenen bösartigen und zerstörerischen Praktiken, die die Nation schnell in den Untergang treiben, waren gegen uns. Aber trotz alledem hatten wir wunderbaren Erfolg unter ihnen.

Wie unsere Indianer werden auch die Bewohner der Sandwichinseln durch zu viel von dem, was man in Babylon als Zivilisation bezeichnet, vernichtet und vom Erdboden getilgt.

Es gibt einen bemerkenswerten Charakterzug der Hawaiianer, den ich hier erwähnen möchte. Bei allen weißen Rassen, von denen ich bisher gehört habe, dass dort das Evangelium gepredigt wird, geht die Ausübung der Sünde, insbesondere beim anderen Geschlecht, mit dem Verlust des

Geistes einher; und wenn keine tiefe und aufrichtige Reue vorhanden ist, werden solche Sünder leicht zu Feinden der Wahrheit und sind häufig verbittert in ihrem Widerstand gegen das Werk Gottes und seiner Diener. Bei den Hawaiianern ist das, soweit ich es beobachten konnte, nicht der Fall. Es ist wahr, dass sie durch das Begehen der Sünde den Geist verlieren würden; das war deutlich zu sehen; aber ich habe bei ihnen nie dieses bittere Abtrünnigkeitsgefühl gesehen, das bei abtrünnigen Weißen so häufig ist. Sie waren nicht dem Geist des Unglaubens verfallen wie andere Rassen.

Dieser Unterschied fiel mir auf und ich erkläre ihn auf zweierlei Weise: Erstens verlangt der Herr von ihnen wegen ihrer Unwissenheit nicht so strenge Rechenschaft wie von uns; und zweitens stammen sie aus Israel, und ihnen wurden besondere Versprechen gemacht. Ich glaube, dass man bei den Lamaniten dieselben Merkmale findet; aber das können diejenigen besser sagen, die Erfahrung mit der Arbeit unter ihnen haben.

Kapitel 13

Missionare aus der Heimat – Gute Ergebnisse ihrer Anwesenheit und Arbeit – Reise im Kanu der Inselbewohner – Tradition der Eingeborenen – Ein Besuch auf dem Vulkan

Auf der Herbstkonferenz 1852 in Salt Lake City wurden neun Älteste für Missionen auf den Inseln ernannt. Sie erreichten Honolulu im Februar 1853. Ihre Namen waren Benjamin F. Johnson, William McBride, Nathan Tanner, Reddin A. Allred, Redick N. Allred, Thomas Karren , Ephraim Green, James Lawson und Egerton Snider. Diese Ältesten waren eine große Hilfe für die Mission. Fast alle von ihnen waren erfahrene Männer. Ihre Anwesenheit brachte zusätzliches Leben und Energie, deren Wirkung bald überall sichtbar wurde. Die meisten von ihnen nahmen die Arbeit mit Eifer in Angriff.

Sie brachten die Offenbarung über die celestiale Ehe mit, die erstmals auf der Konferenz veröffentlicht wurde, auf der sie auf die Inseln gerufen wurden. Sie brachten auch den Geist der Konferenz mit, und wir alle spürten, wie sehr uns das gefiel.

Nach ihrer Ankunft erhielt die Arbeit auf der Insel Oahu und insbesondere in Honolulu großen Auftrieb. In der Stadt herrschte große Aufregung, und viele Menschen ließen sich taufen. Ein Zweig der weißen Mitglieder wurde gegründet, dessen Vorsitz Elder BF Johnson übernahm. Die Ältesten Tanner und Karren wurden als Berater von Elder Philip B. Lewis, dem Präsidenten der Mission, ausgewählt. Auch auf den Inseln Hawaii und Kauai machte die Arbeit große Fortschritte, und Hunderte von Menschen schlossen sich der Kirche an.

Ich habe vergessen zu erwähnen, dass Elder William Perkins, der mit einer Mission zu den Inseln beauftragt worden war, dort Ende November 1851 in Begleitung seiner Frau und Schwester John S. Woodbury ankam. Sie blieben einige Zeit und arbeiteten, so gut sie konnten. Bruder Perkins wurde wegen des schlechten Gesundheitszustands seiner Frau entlassen und durfte nach Hause zurückkehren.

Um die Heiligen und Menschen auf der Insel Hawaii (dem Owyhee von Captain Cook) zu besuchen, hatte ich im April 1854 Gelegenheit, zu dieser Insel zu segeln.

Damals war Geld bei den Ältesten sehr knapp, und wir hatten nicht die Mittel, uns mit den regulären Schiffen, die diese Meere befuhren, von Insel zu Insel zu befördern. Deshalb reiste ich in Begleitung mehrerer Brüder durch das hügelige und raue Land zwischen Lahaina und Kawaipapa im

Osten von Maui, einem Punkt, der als der beste für die Überquerung des Kanals nach Hawaii galt, und predigte nebenbei.

Unsere Gruppe bestand aus Elder RN Allred, dem damaligen Präsidenten auf der Insel Maui, Elder JH Napela und vier einheimischen Ältesten von Maui, die zum Dienst auf der Insel Hawaii ernannt worden waren. Ihre Namen waren Kaelepulu , Kapono , Hoopiiaina und Peleleu .

Der Kanal, den wir überqueren mussten, war zeitweise sehr rau und gefährlich, und viele Menschen hatten darin ihr Leben verloren. Aber wir hatten den Glauben, dass der Herr uns bei der Überquerung bewahren würde, obwohl nur sehr wenige Weiße sich mit unserem Boot aufs Meer hinauswagen würden. Es war ein aus einem Baum ausgehöhltes Kanu. An beiden Enden des Kanus waren Bretter als eine Art Deck angebracht, das mit Matten bedeckt war. Diese Matten wurden am Kanu festgebunden und machten die Oberseite des Decks so rund wie ein Baumstamm und vollkommen wasserdicht. Man könnte meinen, dieses Deck sei ein merkwürdiger Ort, um auf See zu fahren, doch die Eingeborenen saßen mit ihren Paddeln an beiden Enden des Kanus auf diesem Deck, um das Kanu zu rudern, wenn der Wind nicht wehte. In der Mitte des Kanus war ein gewisser Platz für uns zum Sitzen freigelassen, und die Seiten wurden gebildet, indem Matten an einigen Stangen festgebunden wurden, die über den Rand des Kanus hinausragten. An dieser Stelle hatten die Eingeborenen viele Matten angebracht, sodass wir sehr bequem sitzen oder liegen konnten, je nachdem, was uns gefiel. Quer über das Kanu waren zwei Stangen festgebunden, jede ein Stück vom Ende des Kanus entfernt. Diese Stangen ragten sechs oder acht Fuß ins Wasser und an ihren Enden war ein Brett befestigt, das parallel zum Kanu verlief. Dies nennen wir einen Ausleger; er sollte das Kanu im Gleichgewicht halten, wenn das Segel gehisst war. Wenn der Wind zu wehen begann, saßen die Inselbewohner auf diesen Stangen und hoben und senkten je nach Windstärke, um ein Kentern des Kanus zu verhindern. Die meiste Zeit befand sich ein Teil ihres Körpers im Wasser. Aber das Meer hat für die Sandwichinsulaner keine Schrecken. Sie können stundenlang im Wasser schwimmen, ohne auch nur im Geringsten zu ermüden.

Als ich die Männer auf dem Deck des Kanus sah, kam es mir so vor, als würden sie auf einem Baumstamm zur See fahren. Wäre ich nicht mit der Geschicklichkeit der Eingeborenen bei der Führung ihrer Kanus vertraut gewesen und hätte ich nicht ein gewisses Vertrauen in meine eigenen Schwimmfähigkeiten gehabt, da sie mir im Wasser geholfen hätten, hätte ich mich kaum in ein solches Boot gewagt.

Vor unserer Abreise beteten wir zum Herrn, er möge uns eine angenehme und erfolgreiche Reise schenken, und die Eingeborenen sagten, sie hätten noch nie eine schönere Zeit gehabt.

Wir erreichten Upolu auf der Insel Hawaii zwischen drei und vier Uhr, nachdem wir gegen acht Uhr morgens von Maui aufgebrochen waren.

Bei diesem Thema möchte ich erwähnen, dass wir nach unserem Besuch nach Upolu zurückkehrten und den Kanal erneut überquerten, zurück nach Maui, aber dieses Mal hatten wir kein einziges Kanu. Einer der einheimischen Heiligen und sein Sohn hatten zwei neue Kanus besorgt und sie, wie es früher bei ihren Häuptlingen üblich war, zusammengebunden, indem sie Holzstücke quer über beide Kanus spannten, wobei die letzteren vier bis sechs Fuß voneinander entfernt waren. Dies wurde in ihrer Sprache *Kaulua genannt*.

Unser Sitz- oder Liegeplatz wurde zwischen den Kanus eingerichtet, indem Bretter ausgelegt und mit Matten bedeckt wurden, sodass ein recht bequemer Boden zum Sitzen entstand. In der Mitte wurde der Mast aufgestellt und befestigt.

Wie bei dem Einerkanu wurden an den Enden Bretter befestigt und darüber Matten gelegt, um das Wasser abzuhalten, sodass das Kanu wie ein Deck aussah. In der Mitte beider Kanus wurde ein kleiner Platz gelassen, wo einige Eingeborene sitzen und bei Bedarf Wasser schöpfen konnten.

Wir ließen die vier einheimischen Ältesten auf der Insel zurück und nahmen einen mit, der von seiner Mission entbunden wurde, nach Maui zurückzukehren. Sein Name war Kailihune .

Unsere Rückfahrt war ein gutes Stück der Strecke rau, da wir auf etwa zwei Dritteln der Strecke eine steife Brise hatten. Dann ließ der Wind nach, aber wir beteten zum Herrn um mehr Wind und unsere Gebete wurden erhört. Wir brauchten zwischen sechs und sieben Stunden für die Überfahrt.

Wir reisten um die Insel und besuchten den berühmten Vulkan, den größten der Welt. Sein Name ist Kilauea.

Unsere Gruppe war, einschließlich Weißer und Einheimischer, auf etwa zwanzig Personen angewachsen. Außer Bruder Allred gehörten zu unserer Gruppe Elder Thomas Karren , der in Lehi, Utah County, lebte, aber inzwischen verstorben ist; Elder James Keeler, der vor kurzem von einer anderen Mission auf die Inseln zurückgekehrt ist und jetzt auf dem Sevier lebt; und Elder Egerton Snider, der inzwischen verstorben ist.

Bruder James Lawson aus dieser Stadt war ebenfalls bei unserer Gruppe, aber nachdem er den Vulkan gesehen hatte, stieg er nicht mit uns hinauf. Wir mussten zu Fuß gehen, da wir kein Geld hatten, um Tiere zu mieten.

Die Sandwich-Insulaner hatten eine eigenartige Vorstellung davon, wie ihre Inseln entstanden. Sie glaubten, dass die Inseln entstanden und dass Papa, eine Frau, die sie als Göttin verehrten, ihre Mutter war. Die Erstgeborene, so glauben sie, war Hawaii, die diesem Kontinent am nächsten gelegene Insel, und die Letztgeborenen Kauai und Niihau. Dieser Papa hatte eine Schwester, sagen sie, deren Name Pele war. Sie verehrten sie als Göttin, und selbst als wir dort waren, glaubten viele noch an sie. Sie sagen, sie lebte zuerst auf Kauai und zog von dort von einer Insel zur anderen, bis sie ihren Wohnsitz auf Hawaii nahm. Sie glaubten, ihr Wohnsitz sei die Grube des aktiven Vulkans gewesen, und dort wohnten alle Geister der guten Häuptlinge und Menschen. Die Bösen gingen, so glaubten sie, an einen Ort der Dunkelheit im Zentrum der Erde, über den ein Gott namens Milu herrschte.

Früher warfen die Menschen die Knochen einiger ihrer verstorbenen Verwandten in den Vulkan. Sie glaubten, wenn Pele mit dem Opfer zufrieden war, würde sie die Knochen verzehren, und der Geist des Toten würde zurückkehren und ihm als vertrauter Geist dienen und zur Familie gehören. Wenn das Opfer nicht annehmbar war, wurden die Knochen aus dem Vulkan geworfen.

Der Vulkanschlot hat wahrscheinlich einen Durchmesser von drei Meilen. Es gab Zeiten, in denen der ganze Boden des Schlots eine einzige Masse aus grellem, brodelndem Feuer war. Das muss ein furchtbar großartiger Anblick gewesen sein, aber als wir ihn besuchten, fanden wir ein riesiges Lavafeld, das sich rund um den Schlot erstreckte und in seiner wellenartigen Erscheinung in vielerlei Hinsicht dem Meer ähnelte. Man hätte es auch mit einem Küsteneisfeld vergleichen können, aus dem das Wasser zurückgewichen war und das zersplittert und rissig zurückgelassen hatte; tatsächlich sah es aus wie ein gefrorenes Meer, nur dass es schwarz wie Kohle war. Beim Abkühlen war es gerissen und hatte große Spalten hinterlassen, aus denen Dampf und Hitze austraten.

Wir fanden heraus, dass die Grube, in der das Feuer wütete, etwa fünfzig bis sechzig Fuß tief war; sie war beinahe rund und etwa hundert Meter breit. Die Wände waren senkrecht; die stärkste Hitze schien an den Wänden zu herrschen. Auf einer Seite befanden sich zwei große Löcher, sehr dicht beieinander, die mehr wie die Mündungen zweier sehr großer Öfen aussahen als alles andere, was ich je gesehen hatte. Hier war die geschmolzene Lava in ständiger Bewegung, wogte und hob sich wie die Wellen des Meeres. Das Geräusch, das sie machte, ähnelte ein wenig den

Paddeln eines Dampfschiffs auf dem Meer, war nur viel lauter. Wir hörten dieses Geräusch, bevor wir die Mündung des Vulkans erreichten, und es klang für unsere Ohren wie das Dröhnen schwerer Artillerie aus der Ferne.

Die Lava floss weiter in Richtung der beiden Löcher, von denen ich sprach, und Steine, die auf die Oberfläche der Lava geworfen wurden, schmolzen in der Nähe dieser Löcher wie Siegelwachs in einer Kerze. Es war überraschend zu sehen, wie leicht das Feuer diese steinige Lavamasse schmolz, die in einigen Teilen der Grube an der Oberfläche abkühlte und wieder in eine Flüssigkeit verwandelte.

Manchmal wurden Schauer heißer Lava in die Luft geschleudert und fielen auf den Rand der Grube, in der wir standen. Wenn das geschah, mussten die Umstehenden so schnell wie möglich davonlaufen, sonst erlitten sie schwere Verbrennungen.

Der Anblick dieser Grube übertraf an Erhabenheit und Großartigkeit alles, was ich je gesehen oder mir vorgestellt hatte. Er übertraf bei weitem alles, was ich in schriftlichen Beschreibungen gelesen hatte, oder sogar das, was ich zu sehen erwartete. Sprache vermag dem Verstand keine richtige Vorstellung von ihrem Aussehen zu vermitteln.

Man erzählte uns, dass gerade eine Gruppe Eingeborener dort gewesen sei und die Knochen eines ihrer Verwandten zusammen mit Schweinen, Hühnern usw. in den Vulkan geworfen habe, als Opfergaben, um die Gunst der Göttin Madame Pele zu gewinnen.

Seit einigen Jahren hatte es in diesem Krater, den wir besuchten, keine Ausbrüche gegeben; doch in derselben Gegend waren andere ausgebrochen, deren Feuer und Rauch man weithin sehen konnte, und deren Asche, so heißt es, auf die Decks von Schiffen Hunderte von Meilen weit im Meer gefallen war. Von diesen Ausbrüchen floss die Lava ins Meer, riss alles mit sich und erhitzte das Meer mehrere Meilen weit derart, dass große Mengen Fische starben.

Die Insel Hawaii wird sehr häufig von Erdbeben erschüttert, die Folgen davon sind verborgene Brände.

Kapitel 14

Ein hawaiianisches Fest – ein lustiger Scherz für weiße Männer

Pololu ein Versammlungshaus einweihen und die Heiligen dort hatten zu diesem Anlass ein Fest vorbereitet.

Der Bericht über ein hawaiianisches Festmahl könnte für meine Leser interessant sein, und ich werde dieses beschreiben. Der Gemüseteil des Festmahls bestand aus *Poi* . Dies habe ich Ihnen bereits beschrieben. Es wird nicht in Tonschalen aufbewahrt, sondern in Kalebassen, von denen einige sehr groß sind und mehrere Gallonen des Essens fassen. Bei dieser Gelegenheit saßen die Leute auf Matten auf dem Boden. Als Tischdecken dienten große grüne Blätter der Pflanze *Ki* . Darauf wurden Päckchen mit Rind-, Schweine-, Geflügel-, Hunds- und Ziegenfleisch gelegt, eingewickelt in die Blätter, in denen sie gekocht worden waren. Auch Fisch wurde auf diese Weise serviert.

Sobald um den Segen gebeten wurde, tauchte jeder seine Zeigefinger in das „ *Poi* ", hob so viel davon, wie die Finger fassen konnten, und steckte es in den Mund, wobei sie den Kopf in den Nacken legten, um einen ordentlichen Bissen zu bekommen. Die Schweine, Hühner und kleinen Hunde wurden rasch seziert, wobei die Finger die einzigen Messer, Gabeln und Löffel waren, die sie benutzten. Die Szene war ein wahres Vergnügen.

Die Bewohner der Sandwichinseln sind nie so fröhlich, so musikalisch und so gesprächig wie bei einem guten Essen; und die Menge, die man bei solchen Gelegenheiten isst, würde einen Amerikaner, der sie noch nie gesehen hat, in Erstaunen versetzen. Normalerweise legen sie Wert darauf, ihre Hände sauber zu halten und essen mit gebührendem Respekt für die Rechte der anderen. Einer wartet, bis der andere seine Finger in den *Poi steckt,* und ihre Vorstellungen von Anstand und Manieren sind, wenn sie denn vorhanden sind, genauso streng wie unsere.

Wir Ältesten, die mit ihnen aßen, saßen auch auf Matten und aßen die gleiche Art von Essen wie sie, nur dass wir anstelle unserer Finger Löffel oder kleine Paddel benutzten, die wir aus Holz schnitzten, um das Essen zu unserem Mund zu führen, weil wir dachten, dass es besser wäre, ihnen in dieser Hinsicht ein Beispiel zu geben.

Ich glaube allerdings kaum, dass irgendjemand aus unserer Gruppe Hundefleisch Rind-, Ziegen- oder Hühnerfleisch vorziehen würde, obwohl ich sagen muss, dass ich Hundefleisch für genauso gesund und sauber halte wie Schweinefleisch, wenn es keine Vorurteile gäbe; denn die Hunde, die man in diesem Land isst, sind eine besondere Rasse, deren Fleisch sehr süß und zart ist. Man ist sehr wählerisch, was die Fütterung angeht; man hält sie sauberer und gibt ihnen kein so unangenehmes Futter wie ihren Schweinen. Aber für Menschen, die so aufgewachsen sind wie wir, ist die Vorstellung, Hundefleisch zu essen, etwas Abstoßendes.

Napela erzählte mir eine Geschichte über einen Streich, den er und einige andere Eingeborene einigen Weißen bei einem Fest an einem Ort namens Waikapu auf der Insel Maui spielten. Die Weißen waren Kaufleute aus Lahaina und waren zu diesem Fest eingeladen worden. Sie hatten Fleisch und Fisch fast jeder Art und unter anderem eine Anzahl gebratener Schweine und gebratener Hunde. Einer der Eingeborenen schlug als guten Streich für die Weißen vor, den Schweinen die Köpfe abzutrennen und sie zu den Hunden zu legen und die Hundeköpfe zu nehmen und sie zu den Schweinen zu legen. Das taten sie. Natürlich wollten die Kaufleute kein Hundefleisch essen und rührten das Fleisch, in dem die Hundeköpfe steckten, nicht an, sondern aßen herzhaft das, was sie für Schweine hielten. Die Eingeborenen versuchten, sie zu überreden, das andere Fleisch zu essen. „Oh nein", sagten sie, „diese köstlichen Schweine sind gut genug für uns", und sie rührten das andere Fleisch nicht an.

Ich möchte hier anmerken, dass die einheimische Methode, Fleisch zuzubereiten, unserer überlegen ist. Sie schaffen es, beim Kochen alle Säfte im Fleisch zu bewahren.

Den Händlern wurde bis zum Ende des Festes nichts von dem Streich erzählt, der ihnen gespielt worden war, und sie konnten nicht davon überzeugt werden, dass sie Hunde gegessen hatten, bis man ihnen die Knochen zeigte, von denen sie wussten, dass sie keine Schweineknochen waren. Sie versuchten, sich bei dem Gedanken, Hundefleisch gegessen zu haben, zu übergeben, mussten aber gestehen, dass es das beste Fleisch war, das sie je gegessen hatten.

Eine ahnungslose Person würde beim Verzehr von Hundefleisch nie auf die Idee kommen, dass es sich um etwas anderes als Spanferkel handelt.

Kapitel 15

Gebetserhörungen und die Verleihung der Gaben an die Ältesten und das Volk – Älteste, die gesandt wurden, um zu lehren, nicht um belehrt zu werden – Segnungen werden auf jenen ruhen, die unter den Roten Menschen für ihre Rettung arbeiten

Um zu zeigen, wie der Herr Gebete hört und beantwortet, möchte ich einen Vorfall schildern, der sich ein paar Monate nach unserer Abreise nach Wailuku ereignete.

Wir brauchten dringend etwas, um Sachen für Kleidung usw. zu kaufen. Die Eingeborenen waren sehr arm, und wir hatten ein mulmiges Gefühl, sie um irgendetwas zu bitten; aber wir wussten, dass der Herr unsere Gebete hören und beantworten würde, also beteten wir zu ihm. Bruder Hammond hatte seine Frau und sein Kind aus Lahaina mitgebracht, und sie lebten, wie ich Ihnen erzählt habe, in dem Dorf in der Nähe von Wailuku. Er und ich mussten eine Stadt besuchen, die etwa zwölf oder fünfzehn Meilen entfernt war, und bevor wir aufbrachen, hatten wir zum Herrn gebetet, er möge uns den Weg öffnen, damit wir bekommen könnten, was wir wollten.

Wir waren etwa drei Meilen von dem Haus entfernt, als wir an einigen Häusern am Strand vorbeikamen und einen Mann namens Freeman trafen, einen Amerikaner, der uns ansprach und fragte, ob wir die Vollmacht hätten zu heiraten. Als wir ihm sagten, dass wir die Vollmacht hätten, fragte er uns, ob wir die Zeit erübrigen könnten, bei seinem Haus anzuhalten und ihn zu heiraten. Wir sagten ihm, dass wir anhalten würden, da es auf unserem Weg liege. Ich führte die Zeremonie durch und sprach auf seine Bitte hin zu den Leuten, die sich im Haus versammelt hatten. Er gab uns ein Fünfdollar-Goldstück.

Wir hatten vorher schon viele geheiratet, aber das war das erste Geld, das man uns je gegeben hatte. Seine fünf Dollar deckten unseren Lebensunterhalt, denn damals waren wir mit sehr wenig zufrieden.

Ich habe das immer als direkte Antwort auf unsere Gebete angesehen, denn als wir den Mann trafen, war er offensichtlich mit seiner zukünftigen Frau auf dem Weg nach Wailuku, um dort vom Missionar getraut zu werden. Der Missionar hatte die Gebühr nicht bezahlt, aber da er nichts darüber wusste, war er nicht ärmer. Ich nehme an, er brauchte sie nicht so dringend wie wir.

Wenn ein Ältester auf einer Mission etwas benötigt, ist es für ihn immer angenehmer, sich an den Herrn zu wenden, als die Leute darum zu bitten; zumindest habe ich das immer so empfunden.

Der Herr segnete die Eingeborenen, die sich der Kirche anschlossen, auf vielfältige Weise, und sie freuten sich außerordentlich über die Gaben des Geistes. Eines Tages beantragte ein junger Mann die Taufe, der so krank gewesen war, dass man nicht damit rechnete, dass er überleben würde. Sein älterer Bruder war Mitglied der Kirche, und am Abend vor seiner Taufe waren die Ältesten gerufen worden, um ihm den Taufgottesdienst zu erteilen. Am Morgen ging es ihm so gut, dass er aufstehen und anschließend an der Versammlung teilnehmen konnte, wo er getauft wurde.

Am selben Tag besuchten Bruder Napela und einige der anderen einheimischen Heiligen eine Frau, die an das Evangelium glaubte und getauft werden wollte. Sie konnte seit fünf Jahren nicht mehr aufrecht gehen, aber sie wollte unbedingt, dass man ihr den Segen gab, damit sie wieder gesund würde. Sie legten ihr die Hände auf und befahlen ihr im Namen des Herrn Jesus Christus, aufzustehen und zu gehen. Sie stand sofort auf und ging, ging und wurde getauft.

Dies sorgte in der Nachbarschaft für große Aufregung, denn sie war bekannt und die Leute waren über ihre Wiederherstellung sehr erstaunt. Viele Menschen wurden durch dieses Ereignis auf das Evangelium aufmerksam.

Etwa zur gleichen Zeit ereignete sich ein weiterer Fall, der eine Frau betraf, die Mitglied der Presbyterianischen Kirche war . Sie litt an Wassersucht oder etwas, das dieser Krankheit sehr ähnlich war. Sie hatte verschiedene Heilmittel ausprobiert, aber keine Linderung erfahren. Sie hatte von den Gaben in der Kirche gehört und bat die Brüder Napela und Uaua , ihr Heil zu stiften, mit der Begründung, sie sei bereit, einen Bund einzugehen und ihre Sünden aufzugeben. Sie weihten ihr Heil und sie wurde geheilt; alle Schwellungen verschwanden und sie wurde getauft. Am Sonntag besuchte sie die Versammlung und machte danach einige abfällige Bemerkungen über die Arbeit und gab sich einem Geist der Abtrünnigkeit hin; ihre Krankheit kehrte sofort zurück und es ging ihr so schlecht wie zuvor.

Ein anderes Beispiel war das einer Frau, deren eines Gliedmaßen verkümmert war und die an Lähmung litt. Sie ließ sich taufen und wurde schnell wieder gesund.

Eine ihrer Nichten erkrankte später an ähnlichem Leiden. Sie bat uns, ihr die Medizin zu geben, und als wir das taten, wurde sie wieder gesund.

Am selben Tag, an dem dieser Person die Hände aufgelegt wurden, hielten wir eine Versammlung an einem Ort namens Waiehu ab. Nach dem Ende der Versammlung baten drei Personen darum, gesegnet zu werden, darunter ein blinder Mann. Er war seit über dreißig Jahren blind, aber sein

Augenlicht wurde ihm wiedergegeben. Von dem Zeitpunkt an, als ihm die Hände aufgelegt wurden, begann sich sein Zustand zu bessern, und am nächsten Morgen konnte er sehen. Danach konnte er ohne Führer umhergehen, und ich habe ihn häufig gesehen, wie er ohne Hilfe zwischen den Leuten hindurch zu einem Sitz kam, den er gewöhnlich in der Nähe des Sprechers einnahm. Seine Wiederherstellung verursachte großes Aufsehen in der Nachbarschaft, denn seine Blindheit war wohlbekannt. Er hatte einen Sohn, einen erwachsenen Mann, der sich kaum daran erinnern konnte, wann sein Vater sehen und ohne Hilfe umhergehen konnte.

Ich werde einen weiteren Vorfall schildern, bei dem ich kein Augenzeuge war, von dem ich aber allen Grund habe, anzunehmen, dass er sich so zugetragen hat, wie ich ihn schildern werde. Ich habe einen Ältesten namens Uaua erwähnt . Er war ein Mann mit großem Glauben. Seine Frau war während seiner Abwesenheit gestorben und allem Anschein nach schon drei Stunden tot, bevor er bei ihm zu Hause ankam.

Wenn in diesem Land jemand stirbt, versammeln sich die Freunde und Verwandten der Familie und bringen ihre Trauer durch Klagen zum Ausdruck. Als er zurückkam, waren sie gerade dabei, sich diesem Wehklagen und Geschrei hinzugeben, denn jeder nahm an, sie sei tot. Er war natürlich zutiefst schockiert, aber das Erste, was er tat, war, sie zu salben und ihr die Hände aufzulegen, und zum Erstaunen aller Anwesenden erholte sie sich augenblicklich.

Ich könnte unzählige Beispiele dieser Art anführen, aber ich schreibe diese, um euch zu zeigen, dass dieselben Werke und die gleiche Macht Gottes, die sich in alter Zeit durch den Glauben der Diener und Heiligen Gottes zeigten, auch in unseren Tagen und unter der Verwaltung des heute lebenden Volkes Gottes sichtbar geworden sind.

Die Eingeborenen der Sandwichinseln hatten großen Glauben daran, den Kranken die Hände aufzulegen und sich auch die Hände auflegen zu lassen, wenn sie krank waren. Es widersprach nicht ihren Traditionen, dass sie an diese Verordnung glaubten, denn ihre alten einheimischen Priester hatten vor der Ankunft der Missionare beträchtliche Macht, die sie ausübten und in die die Menschen Vertrauen hatten.

Viele Älteste möchten, wenn sie als Missionare berufen werden, in aufgeklärte und kultivierte Länder gehen. Sie denken, dass ihre Erfahrungen unter solchen Menschen für sie von Nutzen sein würden und dass sie gebildeter würden und viele Dinge lernen würden, die sie unter einem Volk wie den Sandwich-Insulanern oder den Lamaniten nicht erlangen könnten. Solche Ältesten vergessen, dass der Herr seine Ältesten aussendet, um zu lehren und nicht, um belehrt zu werden. Missionare sollten nicht an Selbstgefälligkeit und Genußsucht denken, sondern an die Rettung der Seelen.

Der Mensch, der hinausgeht und erwartet, dass die Menschen, zu denen er gesandt ist, ihn lehren, erleuchten und ihm von Nutzen sind, begeht einen großen Fehler. Er versteht die Natur seines Priestertums und seiner Berufung nicht.

Ich werde wahrscheinlich nie vergessen, welche Gefühle John Hyde Jr. mir gegenüber in diesem Punkt zum Ausdruck brachte. Er war auf einer Konferenz (April 1856) in Salt Lake City dazu berufen worden, auf Mission zu den Sandwichinseln zu gehen. Auf dem Weg dorthin kam er nach San Francisco. Ich war damals Herausgeber des *Western Standard* und leitete die Mission in Kalifornien. Mit einem Gefühl, das an Abscheu grenzte, sprach er mit mir über seine Mission. Wenn er nur nach Frankreich, England oder in eine der sogenannten aufgeklärten Nationen berufen worden wäre, wäre er gern dorthin gegangen, sagte er; aber zu einem verkommenen, heidnischen Volk zu gehen, sei völlig unter seiner Würde. Ein Mann mit seinem Talent und seinen Kenntnissen wäre für sie verschwendet.

Er fiel während der Reise nach Honolulu vom Glauben ab; oder, um es genauer zu sagen, er beschloss auf See, seine Verbindung mit der Kirche aufzulösen. Er war in seinem Herzen und seinen Gefühlen ein Abtrünniger, bevor er San Francisco verließ. Aber kann sich jemand , der dieses Werk versteht, darüber wundern, dass ein Mann, der so fühlte, den Geist verlor und vom Glauben abfiel? Es wäre ein Wunder, wenn er es nicht täte.

Die Erfahrungen der Ältesten, die auf Mission zu den Sandwichinseln waren, sind eine Ermutigung für alle, die auf Mission zu den Lamaniten gehen. Sie müssen vielleicht Entbehrungen ertragen, aber sie werden von der Freude des Herrn verschlungen. Ich bin sicher, dass der Herr jeden Mangel an zeitlichen Annehmlichkeiten durch eine zusätzliche Ausgießung seines Geistes ausgleicht.

Die Seele eines Sandwich-Insulaners oder eines Lamaniten ist in den Augen des Herrn genauso wertvoll wie die Seele eines Weißen, ob in Amerika oder Europa geboren. Jesus starb für den einen genauso wie für den anderen, und für die Menschen roter Haut sind die Versprechen des Herrn sehr groß und wertvoll. Diejenigen, die ihnen die Heilszeremonien spenden, werden am Tag des Herrn Jesus genauso große Freude über sie haben, als wären sie besser erleuchtet worden.

Gesegnet seien die treuen Männer, die unter den Lamaniten für ihre Erlösung gearbeitet haben, jetzt arbeiten und viele in Zukunft arbeiten werden. Bei dieser Arbeit werden die Ältesten die Macht des Priestertums, die Gaben des Geistes und reines, himmlisches Glück nach Herzenslust genießen, und das ist alles, was sie unter den Völkern genießen können, die sie für begünstigter halten.

Ich sage dies, weil meine eigene Erfahrung dies als wahr bewiesen hat und wegen der großen Segnungen und Versprechen, die denen gemacht werden, die für die Rettung der Nachkommen Israels und des Bundesvolkes des Herrn arbeiten.

In welcher Position hätten die Söhne König Mosias so viel über die Macht Gottes lernen können wie während ihrer Missionen unter den Lamaniten? Unter welchem Volk hätten sie mehr Seelen retten können? Und werden sie nicht mit ihnen im Reich des Vaters Freude haben?

Tausende von Ältesten werden noch unter den Roten für ihre Erlösung arbeiten müssen. Sie sollten dies nicht als Härte betrachten, sondern als großes und unschätzbares Privileg – eine Arbeit, die Engel gerne verrichten.

Kapitel 16

Trost aus dem Buch Mormon – Seine Übersetzung in die hawaiianische Sprache – Große Freude an der Arbeit – Ein Komitee sammelt Geld für den Kauf einer Druckerpresse, von Schriften usw. – Druckerpresse usw. wird bestellt und nach Kalifornien geschickt – Das Buch Mormon wird gedruckt – Die erste Übersetzung in die Sprache einer Nation von Roten Männern – Verwandte Sprachen, die auf den polynesischen Inseln gesprochen werden – Der „westliche Standard"

Einige meiner Leser befinden sich vielleicht in ähnlichen Umständen wie ich während meiner Zeit auf den Sandwichinseln; und es ist vielleicht nützlich, ihnen zu erzählen, wie ich es schaffte, den Mut nicht zu verlieren und kein Heimweh zu bekommen. Meine Liebe zur Heimat ist von Natur aus sehr stark. Im ersten Jahr, nachdem ich von zu Hause weggegangen war, konnte ich kaum daran denken, ohne dass meine Gefühle die Oberhand gewannen. Aber hier war ich in einem fernen Land, unter einem Volk, dessen Sprache und Bräuche mir fremd waren. Sogar ihr Essen war mir fremd und anders als alles, was ich je zuvor gesehen oder geschmeckt hatte. Die meiste Zeit war ich von meinen Gefährten, den Ältesten, getrennt. Bis ich die Sprache beherrschte und begann, zu predigen und die Menschen zu taufen, war ich tatsächlich ein Fremder unter ihnen.

Bevor ich begann, regelmäßige Versammlungen abzuhalten, hatte ich viel Zeit zum Nachdenken, um alle Ereignisse meines kurzen Lebens Revue passieren zu lassen und an mein geliebtes Zuhause zu denken, von dem ich so weit getrennt war. Damals erkannte ich den Wert des Buches Mormon. Es war ein Buch, das ich immer geliebt hatte. Aber dort lernte ich es mehr zu schätzen als je zuvor. Wenn ich mich einsam, niedergeschlagen oder heimwehkrank fühlte, brauchte ich nur seine heiligen Seiten aufzuschlagen, um Trost, neue Kraft und eine reiche Ausgießung des Geistes zu erhalten. Es gab kaum eine Seite, die nicht Ermutigung für Menschen wie mich enthielt. Die Erlösung des Menschen war das große Thema, mit dem sich seine Autoren beschäftigten, und dafür waren sie bereit, jede Entbehrung auf sich zu nehmen und jedes Opfer zu bringen.

Was waren meine kleinen Schwierigkeiten im Vergleich zu den Leiden, die sie ertragen mussten? Wenn ich den Ruhm teilen wollte, um den sie kämpften, konnte ich erkennen, dass ich im gleichen Geist arbeiten musste. Wenn die Söhne König Mosias ihren hohen Stand aufgeben und unter die erniedrigten Lamaniten gehen konnten, um wie sie zu arbeiten, sollte ich dann nicht mit Geduld und hingebungsvollem Eifer für die Rettung dieser armen roten Männer arbeiten, die Erben derselben Verheißung sind?

Ich möchte dieses Buch daher allen empfehlen, die Trost und Ermutigung brauchen, egal ob jung oder alt. Besonders kann ich es denen empfehlen, die auf Mission sind und nicht zu Hause sind. Niemand kann es lesen, seinen Geist in sich aufnehmen und seine Lehren befolgen, ohne von tiefer Liebe für die Seelen der Menschen erfüllt zu werden und von brennendem Eifer, alles in seiner Macht Stehende zu tun, um sie zu retten. Jeder Heilige der Letzten Tage sollte dieses Buch lesen, ebenso wie die anderen Aufzeichnungen, die der Herr uns gegeben hat.

Die Gespräche, die ich mit den Eingeborenen über das Buch Mormon und den Ursprung der Roten führte, weckten in ihnen den Wunsch, es zu sehen. Nachdem Elder FA Hammond und ich in Wailuku, Waiehu und anderen Orten in der Umgebung Zweigstellen errichtet hatten, begann ich mit der Übersetzung des Buches Mormon in die Sprache der Inseln – die sogenannte hawaiianische Sprache.

Ich wohnte bei Bruder JH Napela in Wailuku. Er war ein gebildeter, intelligenter Hawaiianer, der seine eigene Sprache vollkommen verstand und mir die genaue Bedeutung der Wörter erklären konnte. Die Bedeutung vieler Wörter hing vom Kontext ab. Daher war es beim Übersetzen wichtig zu wissen, dass die verwendeten Wörter die richtige Idee vermittelten. Wenn die verwendete Sprache dem Hawaiianer nicht genau dieselbe Bedeutung vermittelte, die uns die Wörter in unserer Übersetzung vermittelten, wäre sie nicht korrekt.

Wahrscheinlich waren nur wenige im Land so qualifiziert wie Bruder Napela , mir in dieser Hinsicht zu helfen. Er war ein Nachkomme der alten Häuptlinge der Insel Maui, in deren Familien die Sprache erhalten geblieben war und in größter Reinheit gesprochen wurde, und er verfügte über Vorteile, die zu jener Zeit kein anderer ebenso gebildeter Mann besaß. Er hatte die Grundsätze des Evangeliums sehr gründlich studiert, er besaß einen umfassenden Verstand, um die Wahrheit zu erfassen, und er war vom Heiligen Geist sehr begünstigt worden. Je weiter ich mit der Übersetzung fortschritt, desto besser verstand er das Werk. Er erfasste den Geist des Buches und konnte die ihm dargelegten Punkte sehr schnell erfassen.

In den letzten Tagen des Monats Januar 1851 begann ich mit der Übersetzungsarbeit. Meine Kollegen, die Ältesten, ermutigten mich, und von der Ersten Präsidentschaft zu Hause – den Präsidenten Young, Kimball und Richards – kamen aufmunternde Worte, die meine Arbeit billigten und mir den Rat gaben, durchzuhalten.

Die Arbeit des Predigens, Taufens, Konfirmierens, Organisierens von Zweigstellen, der Krankenseelsorge und der Reisen zu den Zweigstellen und zu anderen Inseln war eine große Belastung und beanspruchte den größten Teil meiner Zeit. Es waren arbeitsreiche Zeiten für alle, die arbeiten wollten, und sie waren überaus erfreulich. Der Herr schien uns auf diesen Inseln damals sehr nahe zu sein.

Die Zeit, die ich mit dem Übersetzen verbrachte, waren die Tage und Stunden, die nicht durch andere Pflichten beansprucht wurden. Am Anfang bestand meine Methode darin, ein paar Seiten zu übersetzen und dann, wenn sich die Gelegenheit bot, Bruder Napela die Ideen, ob historisch oder doktrinär, ausführlich zu erklären. Auf diese Weise konnte er den Teil, den ich übersetzte, ziemlich gründlich verstehen. Ich las ihm dann die Übersetzung vor, ging jedes Wort und jeden Satz sorgfältig durch und erfuhr von ihm, welchen Eindruck die verwendete Sprache auf ihn machte. Auf diese Weise konnte ich jeden unklaren Ausdruck korrigieren und die hawaiianische Ausdrucksweise beibehalten.

Der Geist des Übersetzens ruhte auf mir, es wurde sogar eine sehr leichte Arbeit für mich. Ich erlangte große Ausdruckskraft in der Sprache, und bevor ich mit dem Buch fertig war, beherrschte ich eine Reihe von Wörtern, die denen der meisten Leute überlegen waren.

Dies war ein ganz natürliches Ergebnis. Im Buch Mormon gab es Lehren, Grundsätze und Ideen, die über das normale Denken der Menschen hinausgingen. Die Übersetzung dieser Lehren erforderte die volle Kraft der Sprache und erforderte tatsächlich – und das hatte ich, als ich mich mit dieser Arbeit beschäftigte – die Unterstützung des Geistes der Inspiration.

Bei der Überarbeitung der Übersetzung waren manchmal auch andere intelligente Männer zusammen mit Bruder Napela anwesend .

Auf diese Weise ging ich das ganze Buch durch, las und erklärte ihm und ihnen jedes Wort und jeden Satz sorgfältig; und wenn ein Ausdruck unklar war, ließ ich ihn nicht los, bis er klar war. Nachdem ich es so überarbeitet hatte, kopierte ich es in ein Buch. Das Kopieren in das Buch wurde jedoch aus Zeitmangel nie ganz abgeschlossen. Aber abgesehen davon, dass es in sehr schöner Schrift geschrieben war, war es wegen des Papiermangels eigentlich nicht nötig, es zu kopieren.

Die Übersetzung wurde am 22. Juli 1853 fertiggestellt ، also etwa zweieinhalb Jahre, nachdem ich mit ihr begonnen hatte. Die Überarbeitung schlossen wir jedoch erst am 27. September des darauffolgenden Jahres ab.

Meine Arbeit als Pfarrer hat mir immer große Freude bereitet, aber nichts davon hat mir je so viel Freude bereitet wie die Übersetzung dieses kostbaren Berichts. Nachdem ich damit begonnen hatte, wurde mir beim Predigen der Heilige Geist stärker zuteil, ich hatte mehr Kraft im Zeugnis und bei der Durchführung aller heiligen Handlungen des Evangeliums fühlte ich, dass mein Glaube größer war. Ich war sehr glücklich. Mein

Glück war wirklich unbeschreiblich. Mein Herz war ständig erfüllt von Dankbarkeit, weil ich diese Arbeit tun durfte.

Im Dezember 1853 besuchte ich Kauai, die westlichste bewohnte Insel der Gruppe. Ich besuchte diese Insel aus einem doppelten Grund: ich wollte die Heiligen besuchen und allen Menschen von dem Werk Zeugnis ablegen und die Übersetzung des Buches Mormon noch einmal durchgehen. Zu dieser Zeit arbeitete auf der Insel ein einheimischer Ältester mit Namen Kauwahi als Prediger mit Elder William Farrer zusammen. Er war ein Mann mit scharfem Verstand, Talent und guter Bildung, den man als den beredtesten und besten Denker der hawaiianischen Nation bezeichnete. Ich wollte, dass er und Bruder Farrer die Übersetzung mit mir durchgingen, um sicherzustellen, dass kein Wort ausgelassen worden war, und um etwaige Ungenauigkeiten zu korrigieren, die mir beim vorherigen Lesen entgangen sein könnten.

24. Dezember 1853 in der Stadt Waimea, dem westlichsten bewohnten Punkt der Sandwichinseln, und beendeten sie am letzten Tag im Januar 1854.

Während wir uns damit beschäftigten, vernachlässigten wir unsere anderen Pflichten gegenüber den Heiligen und dem Volk nicht. Während dieser Überarbeitung las ich das Buch mit Ausnahme einiger Seiten zweimal durch: einmal Bruder Farrer, der sich die englische Version ansah, um sicherzustellen, dass keine Wörter oder Sätze ausgelassen waren; danach Bruder Kauwahi , der sich ebenfalls das englische Buch ansah, da er sich ein wenig mit Englisch auskannte, um etwaige Ungenauigkeiten in der Übersetzung oder der Ausdrucksweise zu korrigieren.

Wo ein Ausdruck nicht ganz klar war oder nicht zur üblichen Denkweise der Hawaiianer passte – und davon gab es viele –, bemühte ich mich, ihn Bruder Kauwahi genau zu erklären, so wie ich es zuvor bei Bruder Napela getan hatte , um sicherzugehen, dass ich die Idee in möglichst einfachen und klaren Worten rüberbrachte.

In meinem Tagebuch finde ich einen Hinweis darauf, dass es fehlerfreier war, als ich es unter den Umständen, in denen ich mich zum Zeitpunkt des Übersetzens befand, hätte erwarten können. Es gab Aufforderungen zum Predigen, häufige Unterbrechungen, um die Kranken zu versorgen, und oft Gespräche, die meine Aufmerksamkeit ablenkten, zwischen denen ich aber übersetzen und kopieren musste.

Auf einer Konferenz der Ältesten, die am 6. Oktober 1853 in Wailuku stattfand ‚wurde die Frage diskutiert, ob es besser wäre, eine Druckerei mit dem Druck des Buches Mormon zu beauftragen oder eine Presse und Druckmaterialien für die Mission zu kaufen, mit denen dieses und andere für die Unterweisung der Heiligen notwendige Werke gedruckt werden könnten. Es wurde entschieden, dass der Kauf einer Presse usw. besser wäre. Ein dreiköpfiges Komitee – die Ältesten Philip B. Lewis, Benjamin F. Johnson und ich – wurde ausgewählt, um die erforderlichen Maßnahmen zur Beschaffung der Mittel zu ergreifen.

Auf dieser Konferenz wurde ich von der Verantwortung für die Insel Maui entbunden und dazu bestimmt, alle Inseln zu bereisen, um Geld für die Veröffentlichung des Buches Mormon zu sammeln. Und hier ist vielleicht angebracht zu erwähnen, dass diejenigen, die ein oder mehrere Exemplare des Werks abonniert hatten, diese später bei der Veröffentlichung erhielten.

Bruder Edward Dennis , ein weißer Mann, der in Honolulu getauft worden war, lieh dem Komitee gegen seinen Wechsel tausend Dollar für den Kauf der Presse, der Schriften, des Papiers usw. Diese Mittel schickten wir Bruder John M. Horner in Kalifornien, damit er sie für den Kauf unserer gewünschten Dinge verwenden konnte. Die Presse, die Schriften und das Papier wurden in New York gekauft, um Kap Hoorn herum nach Honolulu verschifft und, als ich nach Hause ins Salt Lake Valley zurückgekehrt war, auf seine Bitte hin an Elder Parley P. Pratt in San Francisco, Kalifornien, geschickt. Er dachte damals daran, dort eine Zeitung zu veröffentlichen, und schrieb an die Erste Präsidentschaft, damit ich zu einer Mission ernannt werde, die ihm helfen sollte.

Ich war nach fünf Jahren Abwesenheit gerade erst wieder zu Hause angekommen. Ich blieb ungefähr fünfeinhalb Monate dort. Auf der Aprilkonferenz 1855 wurde ich berufen, auf Mission nach Kalifornien zu gehen, um das Buch Mormon in hawaiianischer Sprache zu veröffentlichen und Elder Pratt bei der Veröffentlichung einer Abhandlung zu unterstützen. Die Ältesten Joseph Bull und Matthew F. Wilkie wurden ausgewählt, mich zu begleiten. Als wir San Francisco erreichten, hatte sich Elder Pratt bereits auf den Heimweg gemacht. Es gelang mir, ihn auf der Ranch von Bruder John C. Naile zu erreichen , wo er seine Reisevorbereitungen abschloss. Er beauftragte mich, an seiner Stelle Nordkalifornien und Oregon zu leiten, und wir trennten uns, er ging nach Hause und ich kehrte nach San Francisco zurück.

Unsere erste Aufgabe war, ein geeignetes Büro zu finden, die Druckerpresse einzurichten und an die Arbeit zu gehen. Die Brüder Bull und Wilkie wussten nichts über die hawaiianische Sprache, aber der Text war zunächst gut, und bald waren sie mit den Worten so vertraut, dass sie ihn fast so gut setzen konnten wie Englisch und dabei nur sehr wenige Fehler machten.

Präsident Young riet mir, meine Frau auf diese Mission mitzunehmen. Meine Methode zum Lesen der Korrekturen bestand darin, sie das englische Buch lesen zu lassen, während ich mir die Korrekturen der Übersetzung ansah. Auf diese Weise konnte ich Auslassungen von Wörtern oder Sätzen erkennen. Nachdem ich die Korrekturen auf diese Weise durchgesehen hatte, las ich sie noch einmal, um zu sehen, ob mir Rechtschreibfehler usw. entgangen waren. Dies war meine einzige Möglichkeit, die Abschrift zu lesen, denn ich hatte niemanden bei mir, der Hawaiisch lesen konnte. Nachdem wir die Ausgabe abgedruckt und gebunden hatten, wurden sie an die Ältesten auf den Inseln geschickt.

So wurde das Buch Mormon erstmals in die Sprache eines Volkes von Roten übersetzt und veröffentlicht – eines Teils des Volkes, für den seine Verheißungen am zahlreichsten sind. Die Ältesten, die seitdem auf diesen Inseln gearbeitet haben, wissen, was das Buch Gutes bewirkt hat. Seine Verbreitung wird allen, die es lesen, mit Sicherheit zugute kommen.

Die Sprache der Sandwich-Insulaner ist ein Dialekt der polynesischen Sprache, die von den Insulanern mit roter Hautfarbe im gesamten Pazifik gesprochen wird. Sollte jemals der Tag kommen – und ich vertraue darauf –, an dem die Eingeborenen anderer Gruppen besucht und mit dem Evangelium bekannt gemacht werden, wird es nicht viel Mühe kosten, die hawaiianische Übersetzung an ihre Sprache anzupassen. Aber ob das Buch nun für die hawaiianische Nation veröffentlicht wurde oder nicht, der Herr hat deutlich gemacht, dass es sein Wille war, dass dieses Werk getan werden sollte, und er hat den Weg dafür auf wunderbare Weise geebnet.

Die Veröffentlichung des Buches war nicht Teil meiner ersten Mission; aber da die Skizze der Übersetzung ohne diese wenigen Einzelheiten zu seiner Veröffentlichung nicht vollständig wäre, füge ich sie hier ein. Darüber hinaus kann ich auch sagen, dass die Druckerpresse und die Druckschrift nach der Veröffentlichung des Buches Mormon für die Veröffentlichung des *Western Standard verwendet wurden* , einer Zeitung, an die sich viele meiner erwachsenen Leser vielleicht erinnern.

Kapitel 17

Zeitpunkt der Abreise – bereitgestellte Mittel – Trauer über die Trennung – Kontrast zwischen unserer Landung und unserer Abreise – Seelen zu mieten – Eine überaus glückliche Mission

Für die fünf Ältesten, die von den ersten zehn, die auf die Inseln geschickt wurden, übriggeblieben waren, war die Zeit gekommen, nach Hause zurückzukehren. Wir hatten uns Gedanken darüber gemacht, wie wir die Mittel für die Rückkehr auftreiben könnten. Die Inselbewohner hatten nur wenig Geld. Ein Dollar war für sie eine sehr große Summe; ein Zehncentstück war für sie im Allgemeinen eine viel größere Summe und schwieriger zu beschaffen als ein Dollar für Amerikaner. Aber als sie erfuhren, dass wir bald freigelassen würden, zeigten sie sich sehr freundlich und großzügig. Trotz allem, was sie getan hatten, hatten wir bei unserer Überfahrt nicht annähernd genug Geld, um sie zu bezahlen. Aber wir vertrauten darauf, dass die notwendigen Mittel von irgendwoher kommen würden. Und das taten sie. Dank der Freundlichkeit der Ältesten Lewis, Johnson und Hammond und einiger weißer Brüder, die wir getauft hatten, hatten wir genug Geld und konnten noch etwas mitnehmen, um uns bei unserer Ankunft in San Francisco zu helfen.

Der Herr kannte unsere Bedürfnisse und erfüllte sie. Und so tut er es immer mit seinen Dienern und denen, die ihm ihr Vertrauen schenken.

Elder James Keeler, einer der fünf, erreichte Honolulu nicht rechtzeitig, um auf dem Schiff, auf dem wir unsere Überfahrt gebucht hatten, mitzufahren. Das war für uns eine große Enttäuschung.

Die Ältesten Henry W. Bigler , James Hawkins, William Farrer und ich verabschiedeten uns am Samstag, dem 29. Juli 1854, von den Ältesten und Heiligen in Honolulu und segelten nach San Francisco, auf dem Heimweg. Der Kai in Honolulu war voll mit einheimischen Heiligen und anderen, die uns beim Einschiffen zusahen. Wir bekamen ziemlichen Applaus. Auch die Ältesten von zu Hause und Schwester Hammond – Schwester Lewis konnte nicht kommen – waren da, um uns zu verabschieden.

Als das Signal gegeben wurde, dass alle an Bord gehen sollten, hatten wir erhebliche Schwierigkeiten, durch die Menschenmenge, die sich um uns drängte, um uns die Hände zu schütteln, zum Schiff zu gelangen. Meine Gefühle waren unbeschreiblich. Mit meinen lieben weißen Freunden war ich seit mehreren Jahren aufs engste vertraute Weise verbunden. Blutsbande konnten, so schien es mir, nicht dazu führen, dass wir uns noch mehr verbunden fühlten, als wir es taten. Wir hatten gemeinsam Entbehrungen und Mühsal ertragen; wir hatten gemeinsam beraten und gebetet; wir hatten gemeinsam Zeiten der Freude und des Glücks erlebt, wie sie nur diejenigen kennen, die ähnliche Mühen auf sich genommen haben.

Der Gedanke, mich von diesen geliebten Gefährten und Heiligen trennen zu müssen, bereitete mir so große Sorgen, dass ich meine Emotionen nicht beherrschen konnte, obwohl ich schon viele Jahre nicht zu Hause war und so sehr ich mich auch nach diesem Zuhause und der liebgewonnenen Gemeinschaft dort gesehnt hatte.

Wie groß war der Kontrast zwischen unserer Landung und unserer Abreise! Wir waren dort ohne Freunde und unbekannt gelandet – soweit es die Menschen betraf. Jetzt gab es Tausende, die uns liebten, die sich an der Wahrheit des Evangeliums und dem Zeugnis Jesu erfreuten. An diesem Tag wurde auf diesem Kai die wunderbare Macht des Evangeliums deutlich, Liebe in den Herzen der Menschenkinder zu erzeugen. Wir waren weinend und mit kostbarem Samen fortgezogen. Der Herr hatte uns Seelen für unseren Lohn gegeben. Viele, die dort getauft wurden, sind von hier fortgegangen, und ich bin fest davon überzeugt, dass sie zu den Erlösten und Geheiligten gezählt werden. Andere werden sich zweifellos als treu erweisen und ein Erbe im Königreich unseres Vaters erhalten.

Seit meiner Abreise von den Sandwichinseln sind mehr als 25 Jahre vergangen. In dieser Zeit war mein Leben glücklich. Ich habe viele Missionen erfüllt, habe viele verschiedene Lebensbereiche kennengelernt und hatte überaus angenehme und vergnügliche Beziehungen. Aber wenn ich mein Wachstum und meine gesteigerte Fähigkeit, Freude zu empfinden, in Betracht ziehe, kann ich ehrlich sagen, dass ich, obwohl uns viele Dinge fehlten, die Menschen, die so erzogen wurden wie wir, für notwendig halten, um uns wohlzufühlen, zu keiner Zeit und unter keinen Umständen süßere, reinere und seelenerfüllendere Freude genossen habe als auf MEINER ERSTEN MISSION.